重慶市出版專項資金資助項目

重慶中國三峽博物館藏

稀見西南史志類稿鈔本叢刊

續修曲靖縣志稿（民國稿本）

重慶大學出版社

圖書在版編目（CIP）數據

續修曲靖縣志稿：民國稿本 / 程武彥主編. -- 重慶：重慶大學出版社，2023.1
（重慶中國三峽博物館藏稀見西南史志類稿鈔本叢刊）
ISBN 978-7-5689-3031-4

Ⅰ.①續…　Ⅱ.①程…　Ⅲ.曲靖－地方志－民國
Ⅳ.①K297.44

中國版本圖書館CIP數據核字（2022）第181822號

續修曲靖縣志稿（民國稿本）

XUXIU QUJING XIANZHI GAO（MINGUO GAOBEN）

主　編：程武彥

策劃編輯：孫英姿　張家鈞　許　璐
責任編輯：張家鈞　　版式設計：張　晗
責任校對：黃菊香　　責任印製：張　策
*
重慶大學出版社出版發行
出版人：饒幫華
社址：重慶市沙坪壩區大學城西路 21 號
郵編：401331
電話：（023）88617190 88617185（中小學）
傳真：（023）88617186 88617166
網址：http://www.cqup.com.cn
郵箱：fxk@cqup.com.cn（營銷中心）
全國新華書店經銷
重慶新生代彩印技術有限公司印刷
*
開本：889mm × 1194mm　1/16　印張：28　字數：135 千
2023 年 1 月第 1 版　　2023 年 1 月第 1 次印刷
ISBN　978-7-5689-3031-4　定價：830.00 圓

重慶中國三峽博物館藏稀見西南史志類稿鈔本叢刊編委會

前言

重慶中國三峽博物館（重慶博物館）是一座集巴渝文化、三峽文化、抗戰文化、移民文化和城市文化等為特色的歷史藝術綜合性博物館，其前身是肇建於1951年的西南博物院，1955年因西南大區撤銷更名為重慶市博物館。2000年，為承擔三峽文物保護工程的大量珍貴文物搶救、展示和研究工作，經國務院辦公廳批准設立了重慶中國三峽博物館，主要在重慶市博物館的基礎上進行組建，並加掛重慶博物館牌子，實行兩塊牌子一套班子的管理體制。重慶中國三峽博物館作為西南地區最負盛名的中央地方共建國家級博物館、首批國家一級博物館、全國古籍重點保護單位，現有館藏文物11.5萬餘件套（單件超28萬件），涵蓋23個文物門類，藏品種類豐富。僅古籍一項，就經、史、子、集四部齊備，凡明清以來刻本、鈔本、影印本不一而足。據第一次全國可移動文物普查統計，截至2016年10月31日，重慶中國三峽博物館收藏有古籍圖書4993套，40234冊，史志類文獻的收藏數量尤其衆多，其中僅稿鈔本就有近百種。

為了讓重慶中國三峽博物館的館藏古籍走出冰冷的文物庫房，使更多研究者和文史愛好者能夠接觸到這些珍貴的文獻資料，我們從中選擇了一批保存狀況較好、文獻價值較大、稀缺程度較高、反映主題較為集中的稿鈔本古籍，嘗試編纂了這套『重慶中國三峽博物館藏稀見西南史志類稿鈔本叢刊』，因經費和人力所限，擬分多次編纂出版，先期推出的六冊主要包括以下八種文獻：《續修曲靖縣志稿》（民國稿本）、《文山縣志》（民國稿本）、《重修昭化縣志》（清鈔本）、《蜀藝文志》（稿本）、《國朝全蜀貢舉備考》（鈔本）、《漢代的重慶》（稿本）、《四川崖墓略考》（稿本）、《彭山崖墓建築》（稿本）[一]。

[一] 前五種文獻每一種輯為一冊，後三種文獻因內容相對較少，本次整理時合輯為一冊。——編者註

一、《續修曲靖縣志稿》（民國稿本）

重慶中國三峽博物館藏稿本，此志書記為十卷，今僅見七卷，分裝為十冊。鈐印『晉樹績』『撫辰』『西南博物院藏書』。竹紙線裝，未見界格板框。半葉6行至8行不等，行16字。無牌記。原登記有：『首冊扉頁題「民國十九年編纂，民國三十三年李天柱敬錄」。其後列「續修曲靖縣志稿姓氏」，言「主修：曲靖縣縣長段克昌，宜良人。編纂：李克魁，邑人。孫天樞，邑人。採訪：李天和、晉樹藩、丁正身、許萬壽、陳文明、楊受之。」』今稿本未見。志書凡例言：

> （一）曲靖前於明清兩代均為府治，管轄八屬，南寧縣為首縣。過去既無府志，民國成立裁府改縣，以後更無府制之存在。巍巍名郡，愈遠無徵，爰將府之部分，擇要加入。
>
> （一）丁祭樂章，鄉飲賓具，前以詳在會典，略而不載。以後會典日少，鉅典無徵，乃將從祀之先賢、先儒之姓氏、位次及咸豐以來舉行之鄉飲賓具參考列入，一見了然。
>
> （一）越州在昔有志，縣志即略而不載。謹案：越州，舊志康熙六年即已裁撤。自咸豐以來至宣統三年之六十餘年間，行政系統既未獨立，越州部分自應歸納於縣志範圍，以使縣志保持完整。
>
> （一）編志於民國十九年，而截止於清末之宣統三年。此十九年中，不但人文、政治之演變甚劇，即種種建設、破壞之改觀亦甚速，如交通、水系、官職、寺觀、閘壩等，宣統三年如彼，民國十九年如此，為保存實際真象，編者按時記實，此時代之關係也。
>
> （一）舊志體例極為嚴謹，除原璧保存外，所得材料均依原有綱目逐一增入，其有不能究納者，另作附記於後，以備後來之參考之用。
>
> （一）新增材料皆根據《大清一統志》《雲南通志》，各項舊志，各先達遺稿，及地方各方人士之幫助，一一均有來歷。惟事隔多年，難竭力採訪，掛漏仍所不免，其有湮沒者，亦喻芳余先生所謏，末如之何也。閱者賜教，幸祈諒解。
>
> 邑人李占魁謹識

就凡例所述來看，此志於民國十九年（1930年）編修，旨在補充前志之缺，記事主要以曲靖縣史事為主，但因曲靖縣曾在相當長一段時期為當地府治所在，故纂者又將『府之部分，擇要加入』。至於記事之時間起止，諸門目各有不同，但大體尤重於咸豐以後及至宣統三年（1911年）間事。部分門目，如交通、水系、官職、寺觀、閘壩、藝文等，則因念及『宣統三年如彼，民國十九年如此』之現實情況，時間下限延至民國中期，如藝文志中所存《民國丁卯兵災紀略碑》一文即成於民國十八年（1929年），亦即志成之前一年。

此志既然名為《續修曲靖縣志稿》，本身是為續前志而來，而此中所謂前志，凡例中言曲靖『過去既無府志』，而『管轄八屬，南寧縣為首縣』，恐是指稱《（康熙）南寧縣志》《（咸豐）南寧縣志》，抑或包含《（同治）古越州志》等鄉邦舊志。

清代方志學家章學誠曾於已著言續修方志之要時說，『（續）修志者，當續前人之紀載，不當毀前人之成書。即前志義例不明，文辭乖舛，我別為創制，更改成書；亦當聽其並行，新新相續，不得擅毀；彼此得失，觀者自有公論。仍取前書卷帙目錄，作者姓氏，錄入新志藝文考中，以備遺亡；庶得大公無我之意，且吾亦不致見毀於後人矣。』[一]今觀《續修曲靖縣志稿》（民國稿本）凡例中所謂『舊志體例極為嚴謹，除原璧保存外，所得材料均依原有綱目逐一增入，其有不能究納者，另作附記於後，以備後來之參考之用』這一修志觀念，可以說正是對章學誠有關續修方志理論的忠實踐行。另外，此志纂修所依據的材料，主要是《大清一統志》《（乾隆）雲南通志》，以及各類舊志，並摘錄曲靖先達遺稿，應該說此志材料的採擇是較為廣泛的，同時也具有相當的可信度。

一般而言，舊方志均是『自有篇卷，目錄冠於其首』。[二]但此稿本志書未見目錄，更無序文、跋語，故於修志之緣由、成書過程、經費籌集、付梓情況等，均無法詳考。惟詳列參與修志者姓名，共分纂修、評議、事務、協辦四類。其中，主修人列『李蓉、張熙瑞、楊本仁、張師聖、莊明馨、雷德泰、郎嘉佑、包德先、尹繩武、李世瓊、馮詠仁、趙開甲、高登祚、傅夔龍、李天植、劉正乾、魏樹森、張紹渠、曹學孔、王朝柱、王紹清、張燮

[一]（清）章學誠著、葉瑛校註：《文史通義校註》，中華書局，1985年版，第820頁。

[二]（清）章學誠撰：《章學誠遺書》，文物出版社，1985年版，第252頁。

生、張習武、呂金榮、潘桂芬、湯錫齡、唐有能、喻紹清，以上均邑人。」評議者列『孫天策、薛毓祥、唐鑑忠、那崟、趙文淵、楊樹階、丁德榮、李國選、孫坦、焦維邦、晉樹績、李天柱、曹學林、王鳳鳴、俞樹琪，均邑人。』至於事務則載為『晉樹玉、楊應培，均邑人。』協辦列『楊懋清，昆明人。陳洛書，邑人。』

需要註意的是，此處評議者列有晉樹績之名，而前文提及稿本鈐印中有『晉樹績印』，故此稿本恐為謄錄評議本，而非最終定本。晉樹績，字撫辰，曲靖人，雅好收藏，1928年曾出任南寧縣高等小學校校長。

這裡需要說明的是，此志的編纂方法與傳統舊志有所不同，並未單純採用『卷目式』結構，而是將卷、章、節三者結合，以卷統章，以章馭節，這種結構的編排很明顯具有舊方志向新方志過渡的色彩。須知，清代方志纂修，基本秉持『志為史體』[一]的觀念，大多採用卷、門、目三級結構。這樣雖顯條分縷析，便於敘事，但亦有明顯弊端，那就是部分志書過分強調沿襲舊有體例結構，在內容取捨及剪裁上產生偏頗。故自民國始，新修志書的體例改革逐漸被提上議事日程，及至民國中期，『章節體』因『能完整地敘述歷史事件與歷史事件之間的聯繫，又能分門別類敘述多方面的史蹟，兼有編年體、紀傳體、紀事本末體的長處，而又能彌補其不足』[二]，故成為新修志書之主流。相較於『卷目式』結構，『章節體』更能完整地敘述有關事項及其之間的聯繫，並『能分門別類地講清有關問題，方法靈活，層次清楚，有利於把有關成果記述下來。同時，也便於讀者的閱讀和理解。』[三]而從《續修曲靖縣志稿》（民國稿本）一志的結構安排來看，其明顯受到新方志編纂理念的影響，但同時舊體志書色彩亦較為濃厚，故其結構安排中纔出現『卷、章、節』糅合並存的現象。而對於這一點，在此志的內容設置上也有體現，通覽全志，其內容設置大體如下：

卷一：第一章　地理

[一]（清）章學誠著、倉修良編：《文史通義新編》，上海古籍出版社，1993年版，第716頁。

[二]王嘉良、張繼定編著：《新編文史地辭典》，浙江人民出版社，2001年版，第345頁。

[三]沈松平著：《方志發展史》，浙江大學出版社，2013年版，第170頁。

第一節　沿革
第二節　治亂紀事（附兵事始末）
第三節　疆域
第四節　分野
第五節　災祥
第六節　山脈
第七節　河流（附名勝）
第八節　風俗（婚禮、喪禮、葬禮、祭禮、房舍、交易、稱名、歲時）
第九節　古蹟
第十節　古碑蹟
第十一節　冢墓（附漏澤園）
卷二：第二章　建置
第一節　城池
第二節　公署
第三節　學校
第四節　學額
第五節　學田
第六節　書院（義學附）
第七節　津梁
第八節　閘壩［附圩堤含（涵）洞］

卷五：第五節　文學
第六節　隱逸
第七章　人物下
第一節　列女
卷六（未見細目）
卷七：第二節　流寓
第三節　仙釋（方技附）
（第四節）　選舉
卷八：第（八）章　藝文
韻文　古近詩　五言古詩
卷九：第九章　藝文下
第一節　駢散文下（序記）
卷十：（藝文）

從以上所列可以看出，此志主要分為地理、建置、祠祀、賦役、人物、藝文等六門八章，每門之下再有若干節，每節之下則分記諸事。這種結構與傳統舊志編排並無二致，無非名稱不同而已。而實際此志所列諸節中，很多亦遵舊體志書定例。比如，『人物』門内所見列女、流寓、仙釋等；『建置』門内列城池、公署、學校、學額、學田、書院、津梁、閘壩等，均可謂傳統舊志之標配。惟此志因以節統篇，故在内容安排上更為靈活，如『學校』一節後緊附『學額』，並將『學田』單獨成節列出，使讀志者能對曲靖的教育情況一目了然。另外，首章『地理』一門中，對於氣候、災祥、山脈、河流的敘述，盡可能引入了當時自然科學方面的調查結果，較舊志所論更具說服力。

當然，此志畢竟非最終稿本，因此錯誤、缺點在所難免，特别是在結構安排上稍顯雜亂。比如，卷三之第四章『賦役』部分列四節，中有『物產』一節，然所述卻雜入『風俗』條目。又比如，卷八之『藝文』部分收列朝駢散文，但章中又見有大量近體詩文收錄。另外，作為稿本，此志恐怕並非完本。比如，卷一之第一章『地理』部分共分十一節，其中第八節『風俗』本擬列婚禮、喪禮、葬禮、祭禮、房舍、交易、稱名、歲時等，但稿本中僅具標題而未見內容。同樣，第九節『古蹟』亦所述甚略。從此志書結構的邏輯安排來看，卷五之後，卷六至卷八本應同為『藝文』之『駢散文上』，且均應屬第八章所載，但此三卷稿本中並未見錄，而是直接接續卷九之第九章的內容。上述缺漏，此志中還有很多，恕不逐一列舉，研究者當可於原文中查證。

二、《文山縣志》（民國稿本）

重慶中國三峽博物館藏稿本，此志書今存二卷，竹紙線裝。行楷書就，每葉8行，行28字至31字不等。無封面，修撰、凡例、序跋、目錄等信息均無存，全志僅見『西南博物院藏書』印一方。不同於《續修曲靖縣志稿》（民國稿本），此志之修纂粗有記述，惜多顯語焉不詳，故至今不得知悉全志之要。

據叢刊編者查知，現有史料涉及此志之修纂者主要有四處：其一為2002年雲南省文山壯族苗族自治州地方志編纂委員會編纂的《文山壯族苗族自治州志》。該志第六卷『人物傳略』部分記文山縣舉人陳價事時有載，言其曾『倡修《文山縣志》，惜未竟而謝世。』[一]其二為雲南省施甸縣志編纂委員會編纂的《施甸縣志》所載。該志記李郁高事云，『二十三年（1934年）初，（李郁高）主持編修《文山縣志》，歷時兩年纂成。』[二]其三為《文山壯族苗族自治州志》所載龍開甲事所涉。『民國三十一年（1942年），縣長李墉為前任纂修《文山縣志》，志稿雖成而苦於無錢付梓，相商於龍，龍即慷慨捐出國幣1.5萬元以為印費。民國二十五年（1936年），龍徵得

[一] 馬正元主編：《文山壯族苗族自治州志》，雲南人民出版社，2002年版，第153頁。

[二] 雲南省施甸縣志編纂委員會編：《施甸縣志》，新華出版社，1997年版，第633頁。

縣長同意後，秉烈、露結、紅甸三鄉自馬塘析出，成立第七區，縣政府委龍任區長。同年，《文山縣志》脫稿，原編8卷，現存6卷7本及大事記共8本。同年，麻栗坡特別區對汛督辦為避免徵兵時邊民流入越南，呈請省府緩徵兵，省府允。』[一]其四為方國瑜先生所著的《雲南史料目錄概說》一書所記，『《文山縣志》，民國初年纂輯，雲南通志館藏抄本。按一九三八年冬，瑜入通志館任編纂時，曾記館藏志目錄有四十餘種，迨館結束，所有圖籍移交圖書館。今取舊時之目校對，諸本悉在，惟已無《文山縣志》，不識何時失去。』[二]

綜合以上四處材料所反映的信息，大體可以初步得出如下判斷：《文山縣志》（民國稿本）初由文山縣舉人陳價宣導修纂，但事未竟而身死。後由文山縣縣長李郁高主其事，於1936年修成脫稿。因無錢付梓，繼任縣長李墉於1942年乞當地士紳龍開甲捐國幣1.5萬元助印，但錢雖捐而事終未成。此志最終無印本流傳，僅以稿鈔本傳世。1938年冬，也就是志稿修成之第三年，方志學家方國瑜入雲南通志館任編纂時曾目睹此志稿本，但後來再入滇，『諸本悉在，惟已無《文山縣志》，不識何時失去。』後再據《文山壯族苗族自治州志》纂者所考，此志『原編8卷，現存6卷7本及大事記共8本。』也就是說，該志稿本於雲南所藏今僅六卷，缺二卷。

對於雲南所存卷帙的內容，1999年文山縣志編纂委員會在編纂《文山縣志》時，於『晚清民國』部分多有引錄。據該志所引，大體包含地理、官制、宗教、民俗、物產、民族、大事記等。而2016年雲南文山學院組織點校出版的《民國〈續修文山縣志〉點註》一書凡例中提到，『根據《縣志》第一卷總目錄，該書稿是參照道光《開化府志》的體例組織修纂的，計劃全書分為十卷，依次輯錄圖像、建置、山川、賦役、官制、學校、人物、戎政、風俗、藝文十個方面的資料，從我們手上現有的《縣志》稿本看，全書稿共分八卷，但卻沒有第五卷、第六卷的內容，對照原稿總目錄，大致是缺少山川、人物、戎政等方面的內容。另外，有兩個第四卷：第一個第四卷，內容是與學校有關的內容，涉及學校、歷代尊崇孔子考、廟學、禮器、陳設、樂器、樂章、祀事、關岳、忠烈、五子、教育、

[一] 馬正元主編：《文山壯族苗族自治州志》，雲南人民出版社，2002年版，第164頁。

[二] 方國瑜著：《雲南史料目錄概說》，中華書局，1984年版，第712頁。

典禮、書籍、儀器。第二個第四卷，則是較為龐雜，包括詩歌、墓志，以及需要採訪的問題等，估計還未經過分類、整理。』[一]可以說其內容是較為雜亂的。2017年中共文山市委、文山市人民政府主持出版《民國文山縣志點校》一書，將內容厘定為九卷，並重新命名。惟上述各版本在點校過程中均未能引錄重慶中國三峽博物館所存之二卷（含『建置』門、『山川』門及第某卷[二]之『人物』門），殊為遺憾。另外，重慶中國三峽博物館藏《文山縣志》（民國稿本）『建置』門內有多處提到『今縣長李郁高』，故有理由相信，其或正是《文山壯族苗族自治州志》中所稱缺失部分。

今觀重慶中國三峽博物館藏二卷之內容，其中『建置』門下設置沿革、城池、倉庫、公廨、坊表、院所、亭榭、古蹟、金石、塚墓、造像、匾額、寺觀等目；『山川』門下設置山脈、水系、名勝、橋梁、道里、交通、區鄉等目；另外一卷『人物』門下則有科舉、學校、鄉飲、選舉、名宦、鄉賢、忠烈、孝友、宦蹟、封蔭、文學、武功、耆隱、方技、仙釋、流寓、善良、男壽、女壽、貞烈、節烈、節孝、節壽等目。

就現今寓目之二卷體例來看，《文山縣志》（民國稿本）修纂雖晚於《續修曲靖縣志稿》（民國稿本），但是該志少有創新，體例安排一依清志。僅以『學校』目為例，據新纂《文山縣志》記載，文山縣於『民國六年（1917年），遵照新學制規定，學堂改稱學校，縣城設三所高等和一所初等小學校，並在明倫堂創辦了第一所女子初等小學校，農村有12所小學校。縣勸學所統管東、西、南、北四學區，設勸學員9人。民國十二年（1923年），全縣共辦29所高、初等小學校。由於地方動亂，時辦時停。民國十五年（1926年）地方稍安，學校復課，學生入學日漸增加。城區學校因升學銜接失調，故將三所高等和兩所初等小學合併分設為四校，其中三所完全小學，一所初等小學。民國十九年（1930年）和民國二十年（1931年），遵照省教育廳訓令，積極興辦義、民兩教，取締私塾。經籌措經費，培訓師資，選擇寺廟、公房作校址。全縣劃為八個學區，合理佈局，擴大國民學校和民辦學校。全縣共

[一] 楊永福、冉庚文點註：《民國〈續修文山縣志〉點註》，天津古籍出版社，2016年版，第1頁。

[二] 此卷稿本於卷數處留空格，故本文以第某卷代之。——編者註

建小學164所，超過省下達的指標，省政府傳令嘉獎，發給獎金2500元，並頒給「文石騰輝」匾額。縣長李郁高，又獎給遍行農村興辦學校，飽嘗艱辛的縣督學歐陽宗「義教勤勞」匾。民國二十二年（1933年），城內四所小學合併，一、二校為興華小學，三校為啟秀小學（女生），四校為毓材小學（男女合班）。』[一]可以看出，清民易代之後，文山縣學制發生很大變化，從學者日眾，辦學層次亦日漸提高，教育規模即於雲南省內亦可謂名列前茅。但《文山縣志》（民國稿本）於此目中僅列本貫內周崧、劉祖武、朱紹曾等入高等學校者數人，於本縣學校、人才全未涉及，且該目所加按語述學校源流時，多言科舉及舊體官學情況，而對民國以後學校之制略而不言，僅謂『（光緒）二十九年（1903年）科舉停，專辦學校。科舉所得人才，錄至歲貢生止，學校所得人才，錄至大學畢業與大學畢業有同等資格者為止。』實際上，這祇不過是撰者所備註的編選範圍而已。當然，雖存上述缺憾，客觀地說，該志於保存文山一地史料方面，價值還是極大的，同時此稿本本身亦具有重要的文物及文獻價值，值得研究者所珍視。

需要註意的是，據我們的有關研究，民國《文山縣志》的修纂時間跨度實際很長。雲南文山現存稿本的內容從1928年始至1950年止[二]，而重慶中國三峽博物館收藏的稿本殘卷最晚也提到『三十八年十二月』『三十九年九月』之事。我們考慮到這部分內容較少，且時間較短，不影響方志主體部分撰成於民國時期的事實，因此在影印整理過程中不作另外的區分，志名仍定為《文山縣志》（民國稿本）。

三、《重修昭化縣志》（清鈔本）

昭化縣（今四川廣元昭化區）隸屬四川廣元，據史書記載，該縣古無志書，康熙三十五年（1696年）貢生吳珍奇（字苞符）始纂輯修志，康熙五十七年（1718年）志成，前後歷時二十二年。其間，苟翰俊亦襄與釐定。甫成，

[一] 文山縣志編纂委員會編纂：《文山縣志》，雲南人民出版社，1999年版，第647頁。

[二] 冉庚文等點校：《（民國）文山縣志點校》，雲南人民出版社，2017年版，第10頁。

吳珍奇卒，該志未能梓行，僅有鈔本傳世。此志主要收載山川疆域、沿革、官師人物、風土物産、學校祀典、古蹟祠寺等門類，僅兩萬餘字，較簡略，於唐宋時期及明末之部分史料略具價值。但總體來説，此志錯訛較多，文辭生澀。因此，至乾隆五十年（1785年）縣令李元到任，再度倡修縣志，『命各房吏書撿數十年案牘，分類編次，具得事理之本末。而山川、景物、風土、人情，日召父老恭詢之，或公餘踏勘，徵於目睹者為多，其舊志與他紀載相近者，略為考核，以成一家之法。别《土地》《人民》《政事》三篇，從陸稼書《靈壽》例也。《藝文》附本事下，從康對山《武功》例也。述土産名狀而常産不備書，從范石湖《虞衡》例也。同時，年近諸寅好及邑人善績不書，從楊升菴《蜀藝文》例也。徵引必標書名，採訪人具載姓氏，從各註疏家例也。瑣屑事書之，從各志外紀例也。載考志乘家，山不載形勢，水不載源流，古蹟不加考訂，用發新例，備書之。』[一]應當説，李元所修《昭化縣志》是昭化歷史上第一部體例完備的方志，其開創之功，不可不倍加褒譽。但是該志的缺點也很明顯，『舛錯頗多，文過乎質』（《重修昭化縣志序》張紹齡語）。且該志倡修於乾隆丙午（1786年），至道光年間再議修志時，已曆近六十年，『其間制度屢更，賢哲輩出，亟宜廣為搜羅，補所未備。』正是針對上述問題，道光二十五年（1845年）時任知縣張紹齡再度主持編修志書，『乃取《通志》《府志》與各房舊牘詳加校訂其邑中往事與夫土風物産之彰彰可傳者，更與二三同人相商榷。』如此，則『太初（李元）縣志未確者，更正之；未備者，補輯之』，名之為《重修昭化縣志》（以下簡稱『道光志』）。此志成書後，曾雕版付梓，但流傳不廣。又十餘年，楚南曾寅光為官昭化，其於公餘，偶閱舊志，認為『志經張公修後，已十餘年，鼠嚙蠹吞，殘缺在所不免，而此十餘年中制度之變更，賢哲之挺出，又知幾許耶，不亟為搜羅，是猶金在沙而不披，玉在石而不琢也。』於是曾寅光再組志局，『於殘缺者補之，又採近日人物之彰彰可傳者而增訂之，分類編次，以成全璧。爰命邑貢生王永仁等採訪、參校，共襄厥成，付諸梨棗』（《復修昭化縣志序》曾寅光語）。[二]這樣『道光志』纔得以增

[一]（清）李元：《昭化縣志原序》，湖北省人民政府文史研究館、湖北省博物館編著：《湖北文徵》第八卷，湖北人民出版社，2000年版，第238頁。

[二]上引文字均見諸《重修昭化縣志》（清鈔本）所錄舊序。——編者註

修完成並大規模刊刻。今天我們最常看到的就是這部同治間增修的『道光志』了，而重慶中國三峽博物館收藏的鈔本《重修昭化縣志》也正是這部志書。

據志中所列目錄，同治增修的《重修昭化縣志》共計四十八卷，目次如下：卷一『天文志』，其下有分野一門；卷二至卷十六『輿地志』，其下有沿革、疆域、形勢、風俗、山川、城池、關隘、堤堰、津梁、公署、街巷、里鄉（場市附）、祠廟（寺觀附）、陵墓、古蹟諸門；卷十七至卷二十二『食貨志』，其下有蠲賑、田賦、倉儲、雜課、戶口、物產等門；卷二十三至卷二十五『學校志』，其下有學校、典禮、書院（鄉學附）等門；卷二十六至卷二十九『武備志』，其下有防守、兵制、驛傳、鋪遞等門；卷三十至卷三十四『職官志』，其下分縣令、丞簿、教諭、訓導、典史等門；卷三十五至卷三十八『選舉志』，其下分進士、舉人、貢生、吏監、武科等門；卷三十九至卷四十五『人物志』，其下分忠義、孝友、行誼、隱逸、列女、仙釋、流寓等門；卷四十六『紀事志』，其下有紀事一門；卷四十七至卷四十八『雜類志』，其下有紀聞、祥異兩門。

與刻本相比，重慶中國三峽博物館藏鈔本《重修昭化縣志》主要有如下特點：

（一）此鈔本卷首目次與刻本不同。刻本縣志先載道光乙巳張紹齡《重修昭化縣志原序》，其後接乾隆間李元《昭化縣志原序》，再後依次為同治間《重修昭化縣志職名》、道光間《重修昭化縣志職名》、《昭化縣志原修姓氏》、《復修昭化縣志序》。而鈔本志書則不同，將曾寅光《復修昭化縣志序》放到了李元《昭化縣志原序》之後。此外，鈔本還將同治間《重修昭化縣志職名》放於纂修姓氏表之後。

（二）此鈔本實際卷數與刻本不同。雖然鈔本於卷首目錄中亦寫作四十八卷，但正文實為四十九卷。所多者為卷四十二『人物志』之『隱逸』門後另列卷四十三『義夫』門。此門所載僅一人，『雷興儒，年十七，娶妻吳氏，至二十四歲而妻歿。遺二子養健、養益，守義不變，誓不續弦，以訓蒙為業，孫襄舉附貢生。鄰里咸稱其義，以為品行端方之報。』此卷之後，卷數遞增，直至卷四十九。而四十九卷之後，再無刻本中所附跋文。

（三）此鈔本書風與刻本近似，每半葉行數、每行字數亦同。另外，刻本、鈔本均有避康熙、乾隆、道光帝諱，惟同治帝諱不避，這恐與此志修於同治之初有關。此外，鈔本中所存些許誤字、訛字，均在刻本中未見。

基於以上種種蹟象以及鈔本多出的志文內容判斷，重慶中國三峽博物館藏鈔本《重修昭化縣志》當書於刻本付梓之前，或為志書修成之後的謄錄本。

四、《蜀藝文志》（稿本）

有關巴蜀藝文著述，最早當推宋人袁說友所編的《成都文類》。該書共五十卷，所收作品上起西漢，下至宋孝宗淳熙年間，共一千餘篇，內容則為歷代文人對蜀中尤其是成都山川風物、文物古蹟、風土人情的詠贊。該書搜採範圍頗為廣泛，保存了大量當時所能見到的珍貴資料，其涉及範圍遍及全蜀，具有很高的文獻價值。後至明代嘉靖年間，又有楊慎所編的《全蜀藝文志》，該藝文志是明嘉靖二十年（1541年）楊慎於流放途中返蜀時，受時任四川巡撫劉大謨所邀編纂《四川總志》的一部分，後單獨刊印成冊，定名《全蜀藝文志》，共六十四卷，『博採漢魏以降詩文之有關於蜀者，匯為此書，包括綱羅，極為賅洽。』[一]《全蜀藝文志》共收有名氏的作者630人，詩文1873篇，按文體編排，以時間先後為序，是截至明代蜀中最為全面的一部藝文類書。故清人朱彝尊言：『楊文憲公慎《全蜀藝文志》所由本也，自楊氏《志》行，而袁氏之《文類》束之高閣矣。』[二]而清人李元度在《天岳山館文鈔》中亦言：『藝文若專錄篇章，則自楊慎《全蜀藝文志》始也。』[三]可見楊慎之作影響之大。在楊慎之後，萬曆末，又有杜應芳所編的《補續全蜀藝文志》五十六卷，主要搜輯元、明詩文，包括楊慎直至杜應芳等人的作品。此書連同楊慎之作合在一起，於巴蜀藝文可謂蔚為大觀。入清以後，有關巴蜀藝文的大型類書再未編排，相關藝文僅收錄於雍正、嘉慶兩部《四川通志》之中。

[一] 王文才著：《楊慎學譜》，上海古籍出版社，1988年版，第238頁。

[二]（清）朱彝尊：《曝書亭集》卷四四，康熙五十三年（1714年）朱稻孫刻本。

[三]（清）李元度：《天岳山館文鈔》卷三九，光緒六年（1880年）刻本。

重慶中國三峽博物館藏稿本《蜀藝文志》，共三冊，不分卷，不署著者名姓。此稿本以巴蜀地域內行政區劃為綱進行編排，每一州縣下則以時間為線索匯入本地歷代著作、卷數，並署撰者名姓，除此之外別無其他信息。故此稿本更似一舊本蜀籍經眼錄，抑或是為續修蜀地藝文志所編的前期蜀人著作目錄。

今檢視此志書，其所收錄的蜀人文獻最早起自漢唐，但以明清人文集、雜著等為主，其中尤詳於清代，所記最晚至光緒末。如書中所錄的《夢雪月齋詩抄》，該書為萬縣謝詩純所撰，謝詩純於光緒二十一年（1895年）署雲南寧洱縣知縣，後歸鄉專心著述，撰成此書。由此可初步推斷，《蜀藝文志》（稿本）大約成書於清末民初時期。又，書中於『胤』『弘』『寧』『淳』等涉及清帝名諱者，皆嚴加避諱，此則更證是書應系於這一時期。

值得一提的是，此志書至今未見著錄於任何目錄學著作之中，亦未見於此前古籍普查名目。此志書中的內容雖較為簡略，但對蜀地文獻名目的保留，特別是對明清蜀人著述的記載，有助於我們以之為線索，對相關人物展開某些研究。同時，它也為我們進一步瞭解明清巴蜀學術概貌提供了一條便捷的探索路徑，其價值可謂頗大。

五、《國朝全蜀貢舉備考》（鈔本）

重慶中國三峽博物館藏鈔本，共四冊，九卷，前有光緒九年（1883年）宜賓趙增榮所撰《國朝全蜀貢舉備考序》，其後有同治九年（1870年）綿州孫桐生撰《國朝全蜀貢舉考要原序》。

有關此書寫作緣由，孫桐生之序中有言，『蜀距京師五千餘里，士之懷奇蘊才，和聲以鳴國家之盛者，雖不逮江浙大省，然沐浴膏澤，涵泳聖涯，由此登膴仕而建勳閥者，按籍以求，亦自大有人在。爰廣為採輯，自順治丙戌迄同治戊辰二百餘年，凡邦人士膺斯選，及登賢書者，按科紀載，名曰《全蜀貢舉考要》。庶已往之姓字，炳然如新，俾後之覽者，指而可數，曰：某以德行著，某以功業顯，某以文章詞翰稱。蓋非第得科名之難，而不負科名之為難也。』

孫桐生，字小峰（亦作筱峰），四川綿州（今四川綿陽市）人，史載其幼英敏，讀書一目數行，一覽不忘。

孫氏故世家，多載籍，頗恣披誦。咸豐元年（1851年）恩科舉人，聯捷進士，選翰林院庶起士。次年散館，授湖南安仁縣知縣。咸豐七年（1857年）充湖南鄉試同考官，得黃錫燾、王先謙、唐樹南等，皆名士。差竣，委署酃縣，繼署安福，均以小邑經亂，撫綏得理，民頌其德。後桃源大亂，上司急檄調桐生任知縣。蒞任後首惡正法，惡俗頓變。惲次山[一]中丞奇其能，破格保升永州府知府。光緒六年（1880年）改署郴州（今屬湖南省），嚴治豪猾，誅斬盜賊，刁風漸革，循績蔚然。卸郴任後，到省乞假回籍。時綿州治經書院甫立，延主講席，學徒鱗萃。生平著述頗多。屢出宦橐為鏤版資。著有《未信編》二卷、《未信續編》二卷、《未信餘編》二卷、《永鑒錄》二卷、《永州府題名記》一卷、《郴鑒錄》一卷、《郴案日記》一卷、《湘中時政記》一卷、《國朝貢舉考要》四卷、《楚遊草詩》四卷、《臥雲山房文鈔》二卷。輯選《明臣奏議》十二卷、《國朝全蜀詩鈔》六十四卷、《熊襄愍公集選》二卷。又校刻《吳吳山三婦合評牡丹亭》二卷、《彈指詞》一卷、《憶舊詞》一卷、《妙復軒評石頭記》，皆為之序。《綿陽縣志》有傳。[二]

對於《國朝全蜀貢舉備考》的體例，「例言」中敘述較詳，「是編以一朝為一卷，不分鄉會試，祇以舉行之年為斷，共計九卷，始順治二年（1645年）乙酉，至光緒九年（1883年）癸未，以後三年一續刻。」孫桐生初撰是書於同治九年（1870年），至光緒時，趙增榮有感於自己「備官詞曹」，遂於「暇輒蒐補，三閱歲而始成，其同治戊辰以後各榜一例續之。凡登甲諸公仕履暨掌故遺聞之有關貢舉者，並撮附於編，名曰《全蜀貢舉備考》」。

應當說，《國朝全蜀貢舉備考》是孫桐生、趙增榮二人接力完成的，並於趙氏成稿後，由京都敘郡會館付梓刊印。今國家圖書館、上海圖書館等所藏即為該刻本。

重慶中國三峽博物館藏鈔本正書錄就，鈔紙界格分明，半葉10行，滿行22字，左下角有「四川叢書」字樣。我們由此認定，此鈔本恐為《四川叢書》之整理零本。據記載，清末民初時期，樂至謝無量提出了「刊行蜀鄉先

[一] 即惲世臨（1817—1871年），字季咸，號次山，江蘇陽湖（今常州）人，道光進士，累遷長沙知府、岳常澧道、湖南巡撫。——編者註

[二] 以上俱引自《巴蜀歷代文化名人辭典》編委會編著：《巴蜀歷代文化名人辭典》（古代卷），四川人民出版社，2018年版，第380頁。

輩遺書，名曰《蜀藏》。並廣徵蜀中私家著述，為之表章』的設想。之後，新津胡淦、資中游運熾在民國六年（1917年）以『存文獻、厚蜀風』為宗旨，發起編纂《四川叢書》，歷經四載，胡淦編成《四川叢書採訪書目》，得漢至清川人、遊宦、流寓、方外、婦女等各類人士近兩千人的著述五千餘種，供訪書、選書之用，但書目編成後，因經費短缺，叢書的編輯工作沒有進行下去。據上述記載推斷，重慶中國三峽博物館所藏鈔本即《四川叢書》之零本，故當鈔錄於民國初期，即或言此鈔本為民國鈔本無疑。從鈔本正文來看，鈔本所據為該書刻本，二者內容基本一致，但是鈔本中又有一些考校文字，字體、字風迥異，恐是《四川叢書》編者所加，這是刻本中所沒有的，而這對於我們全面認識《國朝全蜀貢舉備考》一書，瞭解其版本流傳、內容特點等，無疑是有積極意義的。

六、《漢代的重慶》（稿本）

《漢代的重慶》一書是民國時期著名歷史學家、考古學家、古錢幣學家、博物學家、文化人類學家衛聚賢先生有關巴渝歷史的代表性著作。

衛聚賢（1899—1989年），字懷彬，號介山，又號衛大法師，甘肅慶陽人。民國十六年（1927年），畢業於清華大學國學研究院。其後歷任暨南大學、中國公學、持志大學教授。民國十七年（1928年），任南京古物保存所所長。民國十八年（1929年），參與發掘南京明故宮遺址。民國十九年（1930年），主持發掘南京棲霞山三國時期墓葬，並致力於江浙古文化遺址調查。民國二十四年（1935年）春，參與常州淹城遺址調查，同年秋參加上海金山衛戚家墩古文化遺址考察研究。民國二十五年（1936年），擔任新成立的上海中國古泉學會評議。同年八月任吳越史地研究會總幹事，主編《吳越文化論叢》。民國二十六年（1937年），上海市博物館落成後，受聘擔任設備選購委員。民國二十九年（1940年），與郭沫若、沈尹默、盧作孚等數十人發起成立巴蜀史地研究會。民國三十二年（1943年），在重慶任『說文社』理事長，主編學術期刊《說文月刊》。民國三十八年（1949年），離開中國內地，歷任香港珠海、聯合、聯大、光夏、遠東、華夏等書院的教授，香港大學東方文化研究院研究員，臺灣輔仁大學教授。其著作有《中國考古學史》《中國考古小史》《古史研究》《中國社會史》《古今貨幣》《古器物學》《臺灣山胞由華西遷來》等。

《漢代的重慶》文稿最早刊登在1941年第3卷第4期《說文月刊》上。這篇文章以史料為據，詳細介紹了重慶的得名、民族構成、山川形勝、人文歷史等，足可視作《重慶通志》的提綱和輪廓。

從當前的學術研究視角來看，《漢代的重慶》一文中，衛聚賢提出的有些觀點仍存可商榷之處，有些說法更是完全站不住腳，但其利用規範的學術話語對重慶歷史研究的開創之功則是不容抹煞的。如衛聚賢說重慶得名於宋代，『重慶是宋孝宗淳熙十六年八月，即西曆一一八九年，距今七百五十一年時，由恭州改的。由於宋光宗初封在恭州為恭王，於孝宗淳熙十六年二月即帝位，因於斯年八月改恭州為重慶府，他是以封為恭王就可以慶了，由恭王而即帝位，可謂為重慶了。』對於衛聚賢的這種說法，後人概括為『雙重喜慶』說。雖然此說至今爭議很大，未成定論，但衛聚賢畢竟是以嚴謹的文獻考據結合專業的史事梳理得出的結論，其論述過程無疑是值得肯定的。

衛聚賢精通歷史，又勤於鑽研、耙梳。因此他對重慶民族史研究的一些看法，多富有新意。如對於巴人的民族問題，衛聚賢認為巴人或屬於苗民之一種，並以巴人能歌善舞而證明之：

《後漢書·南蠻西南夷列傳》云：『閬中有渝水，其人多居水左右，天性勁勇，（初為漢前鋒，數陷陳。）俗喜歌舞，高祖觀之，曰：「此武王伐紂之歌也。」』按：武王伐紂之歌，《華陽國志·巴志》云：『周武王伐紂，實得巴蜀之師，著乎《尚書》。巴師勇銳，歌舞以淩殷人，前徒倒戈。故世稱之曰：「武王伐紂，前歌後舞也。」』按：《尚書·牧誓》祇言武王伐紂率庸、蜀、羌、髳、微、盧、彭、濮八國人，未有巴人。但《漢書·禮樂志》載，郊祭樂有巴俞（渝）鼓員，顏師古註云：『高祖初為漢王，得巴俞（渝）人，並矯捷善鬥，與之定三秦，滅楚，因存其武樂也。』又按：《楚辭》載宋玉文有『客有歌於郢中者，其始曰《下里巴人》，國中屬而和者數千人。』是古代巴人善於歌舞，而目下苗民亦長於歌舞，而且是且歌且舞的。殷本苗人，見於我《古史研究》第三集《中國民族之來源》。武王伐紂率有苗人，在陣前歌舞，於是前徒倒戈。此與漢高祖圍楚霸王於垓下，因霸王所率者為楚人，而漢高祖以所率巴俞（渝）人作『四面楚歌』，楚人亦以其同族不宜互殘，因而楚霸王之部下瓦解。由此而論，巴人本為苗民之一種。

在《漢代的重慶》一書中，在論及秦漢魏晉時期巴郡的人物時，衛聚賢統計出的人物共二百四十九人，其於文中說道：『重慶江北的漢墓，或者在這二百四十幾人有名的人物中，有一二人在內？況王咸、李權、羅尚、皮素死於巴郡是有明文的。』實際上，衛聚賢為了弄清漢墓中的人物，是從傳世文獻中特地找出巴郡的全部重要人物，進行逐一比對。這種治學態度是非常值得我們借鑒學習的。

重慶中國三峽博物館所藏《漢代的重慶》手稿是衛聚賢該文的底稿。關於此稿的撰寫時間，手稿上沒有任何明確的記載，但是我們從董大中所著《衛聚賢傳》的梳理來看，時間當在1940年3月前後。據記載，1939年8月底，衛聚賢奉命前往重慶，其所創辦的《說文月刊》也一併遷渝辦刊，但因諸事耽擱，至當年冬天纔得抵達。『到一個地方，首先從資料上接觸這個地方，認識這個地方，是史地學家的習慣，對衛聚賢來說，更是必備的功課。四川在秦代以前有兩個大國，一為巴，在重慶，一為蜀，在成都。巴國的古史有《山海經》、《華陽國志》的《巴志》等書。其地靠近秦楚，故《左傳》有片斷記載。蜀國的古史，見於《尚書》《蜀王本紀》《蜀論》及《華陽國志》的《蜀志》。不過這些古史既不詳盡，且多神話，因而在人們看來，巴蜀古代沒有文化可言。衛聚賢着手寫一篇《漢代的重慶》。』[一]而至次年3月28日，他與友人遊覽北碚北溫泉後，終於寫完文稿。

重慶中國三峽博物館今存《漢代的重慶》文稿共56葉，半葉10行，滿行26字。稿紙為中央銀行信箋，因彼時衛聚賢為中央銀行秘書處書記，故得書於此。此文稿不但讓我們一睹衛聚賢遺墨，而且所存大量批改之處使我們能夠通過與排印本之發表文字相對照，一窺衛氏撰寫過程中的思想印蹟。如首節擬名，《說文月刊》所載為『重慶的命名』，而從底稿來看，起初，該節文字名為『重慶名稱的由來及變化』。又比如，第二節『古代巴國』部分，其下第二部分名『古代史』，稿本原擬為『遠古、上古的巴國古代史』，這或許是為了與第三部分『秦漢魏

[一] 董大中著：《衛聚賢傳》，三晉出版社，2017年版，第215頁。

晉時巴郡的歷史』相呼應，但是恐因遠古材料極少，上古部分亦主要討論春秋史事，故將題目直接删改為『古代史』三字，以使内容更為明快。總之，重慶中國三峽博物館所藏衛氏《漢代的重慶》文稿，是真正意義上作重慶古代歷史研究的開篇之作，無論對於具體問題的討論，還是學術觀點的呈現，至今仍深深影響着巴渝史壇，對其原稿的發掘影印，價值無疑是巨大的。

七、《四川崖墓略考》（稿本）

《四川崖墓略考》文稿撰於民國三十年（1941年），最早全文發表在《華文月刊》1942年第1卷第6期。作者為楊枝高。楊氏本業為醫生，華西大學醫科畢業，1939年到四川樂山任仁濟醫院院長兼外科主任。楊枝高雖非專業考古學家，但在從醫之餘，潛心於文物考古，成就頗多。除了本稿之外，他還撰有《聲韻學》《訪邛崍十方堂古窯記》等。

對其所作所為，著名考古學家鄭德坤曾評説道：『吾國人士對於崖墓之調查以楊枝高氏為端始。楊氏業醫，久居嘉定，對於古蹟素極註意，民國二十六年（1937年）以來調查崖墓尤不遺餘力；家藏石棺浮雕數種，均為珍貴作品。近又親至各地調查，由成都北至廣元，由廣元沿嘉陵江達順慶，由蓬溪、簡陽回成都，後由成都沿岷江、彭山，至樂山，所經二十餘縣，凡遇石洞必留意其造作，著《四川崖墓略考》一文，刊《華文月刊》第六期，並詳記在樂山柿子灣所見石窟之形制以為代表。楊氏所記崖墓係依天然紅沙崖石鑿成。前為墓章，高十九尺半，寬四十六尺八，下有門三道，高十尺半，寬八尺一，深八尺三。由三門直入冥堂，高十尺半，寬四十四尺七，深十五尺半。冥堂後壁有墓穴二，構造相同，由穴口至穴底長九十二尺半，穴口高六尺六，寬六尺一，第一穴門高五尺八，寬四尺；第二穴門高五尺二，寬三尺八；穴底高七尺三，寬七尺。第二穴門後左側有棺室二所，右側有壁廚一，灶案廚一；櫃室二所及石櫃一具。墓穴頂旁左右各有八孔相對，前至後距離約六尺。楊氏查墓章乃墓之標識，脱影於宫室；冥堂即大庭；墓穴即藏屍之處。有二門已封閉，内置瓦棺、石櫃、灶案以及各種陶制明器等。

楊氏亦以崖墓為漢代作品，且舉四事以證之。墓章所刻瓦當、節機，儼然秦宮之脫化，洞壁所刻圖畫，斗拱之間襯以人物、走獸、飛鳥，古樸有致，較之武梁祠、孝堂山及南陽殘石，其作風實有過無不及，是崖墓刻畫為漢浮雕，一也。樂山崖墓多無年款，有者又多剝落難辨，楊氏於民國二十七年（1938年）見新津出土崖墓石柱有永建三年（128年）款識，為東漢順帝時遺物，二也。墓中發現之瓦棺、土俑、羽鹵、瓦屋、洗盤、雞鴿、馬羊虎等皆係陶制無釉；新津出土陶器間有塗深綠釉者；其所着圖案均可擬為漢物，三也。蘊真洞、篦子街、白塔山、張公橋等處隱見冥堂壁重刻多數佛像，多為唐或唐以後之作品，惟淩雲山後麻濠（浩）崖墓中刻有一小像，高一尺，着僧衣，結跏趺坐，頭現佛光，右手舉降魔印，左手執一拂塵，為佛教來華未久之作品，可借此以證崖窟為漢代四川所開鑿者，四也。』[一] 鄭德坤先生以上概括之語，可以說使此稿的價值一覽無餘。

總之，儘管楊氏自言『予一業醫者，雖好古而非專家』，但該文稿所達到的學術水準仍讓同時代的考古學家們讚不絕口，其中如商承祚、吳金鼎、尹子文等人更是因此文與之相熟，交往甚密。特別是文中首次披露了麻浩崖墓的石刻坐佛，為中國早期佛教史的研究提供了極其重要的線索。

1952年，楊枝高去世，其所遺留的上百件文物、古籍相繼被其遺孀及子女無償地捐獻給了各收藏單位。重慶中國三峽博物館所藏《四川崖墓略考》稿本即源於此。今存文稿字蹟工整，多有作者自校之處，文辭精煉，議論順達。通過閱讀此稿，楊氏深厚的學術功底可見一斑。

八、《彭山崖墓建築》（稿本）

重慶中國三峽博物館所藏《彭山崖墓建築》手稿為著名建築學家、建築史學家、中國營造學社成員陳明達考察彭山崖墓後形成的研究報告，正文共計130頁，另有所繪素描稿、平面圖、舊照片等若干。稿件書寫於中國營

[一] 鄭德坤著：《鄭德坤古史論集選》，商務印書館，2007年版，第315頁。

造學社稿紙上，封面書有『崖墓建築——彭山發掘報告之一』字樣。文稿上多有塗改、修訂之處，『緒論』部分有陳明達的簽名。

據記載，1940年，中國營造學社與國立中央博物院籌備處、中央研究院歷史語言研究所共同遷至四川南溪李莊，建築史學家們與考古學家、歷史學家間的聯繫頗為密切。是年，國立中央博物院籌備處、中央研究院歷史語言研究所聯合成立了『川康古蹟考察團』，由吳金鼎任團長，並自1941年6月起，對彭山縣江口鎮附近的崖墓進行發掘，共發掘崖墓77座，磚室墓2座。時為中國營造學社成員的陳明達受邀參與了此次發掘工作，並對各墓進行了詳細的測繪和攝影記錄。彭山崖墓的考古成果曾由曾昭燏先生擬定了系列專題報告編寫計劃，但由於歷史的原因，此次考古所得的出土文物後由國立中央博物院（即今南京博物院）保存，崖墓拓片由南京大學圖書館收藏，崖墓建築測繪圖等則由陳明達保管。直至1991年，纔由南京博物院完成了《四川彭山漢代崖墓》報告，內容約相當於原擬編寫之報告的綜述部分，且南京博物院在編訂該報告時，並未找到陳明達先生繪製的大量崖墓建築測繪圖，祇找到M460、M167、M176的圖紙作為典型材料納入該報告。因此，關於四川彭山漢代崖墓的建築空間與建築裝飾的記錄非常欠缺。

陳明達關於彭山崖墓建築的研究報告約於1942年完成。據重慶中國三峽博物館龔廷萬先生回憶，1954年春，其被派往北京參加當時文化部主辦的『第二期古建築實習班』，學制一年，時羅哲文、陳明達等為授課教師，主要講授『中國古建築史』等課程，雙方由此熟識。『文化大革命』結束後，文化工作恢復正常，陳明達先生遂將自己所保管的彭山崖墓資料盡數轉交龔廷萬，謂『四川之物，可由四川之人保管』。後來，龔廷萬再將這些資料交由重慶市博物館保存。

2002年，經陳明達外甥殷力欣整理，這些文稿與部分圖紙分別在2002年出版的《建築史論文集（第17輯）》（清華大學出版社）、2003年出版的《建築史（第18輯）》（機械工業出版社）上發表。但由於當時整理方式的局限，以及資料搜集範圍的限制，整理稿並不能完全反映陳明達書稿的原貌，因此，對其手稿進行影印出版仍然較為必要，且在某種程度上而言，價值更大。

從現存手稿文字來看，陳明達重點對彭山崖墓的如下幾個問題進行了討論。首先是崖墓的建築空間。他按照分析地面建築的模式，從平面、剖面、立面的角度分析崖墓建築空間的組織。除了墓内空間，他還特别重視墓葬祭祀空間的整體性，關註了墓外設置的壇、穿（壇後崖面設置的横穴）、穴（與地面垂直之穴）、水溝等遺蹟。其次是崖墓的仿木構形制。他針對崖墓仿木構建築信息中表現的大木作和瓦作進行了重點討論。在大木作部分，他一開始即分析了由斗栱（拱）所反映的材分制度，進而在討論斗、栱（拱）、柱的分件作法特徵之後，分析其反映的結構組合方式。在瓦作部分，他分别討論了磚、瓦兩類構件的大小、種類和鋪砌方式。再次是建築裝飾及雕刻。陳明達討論了崖墓磚和瓦當的主要題材紋樣和墓内石刻裝飾圖像的題材意義及藝術特徵。雖然彭山崖墓中多數雕飾題材並非單純的建築裝飾，而是源於漢代的喪葬風俗，陳明達也對其進行了詳盡的考證，這不僅反映了中國營造學社在研究中對雕塑這一中國古代藝術的重要形式給予充分關註的研究取向，也反映出其重視建築空間的整體性，將建築與其中的裝飾、陳設進行綜合研究的視角。

正如李若水博士所言，此部報告中『對崖墓建築的敘述，遵循了中國營造學社在之前進行地面木構建築調查時的體例，即由平面、剖面、立面的總體佈置，到材分制度，再到斗栱（拱）梁架的做法細部和梁枋等木結構交接方式，最後是牆體、屋面、磚瓦和室内繪飾做法。這一範式是營造學社從其首部調查報告《獨樂寺觀音閣山門考》即開始使用的，其敘述順序也可以明顯地反映出當時學社的研究重點——《營造法式》的體例影響，尤其是對崖墓仿木構建築元素所反映的材分制度的探尋，是與《營造法式》的研究一脈相承的。』[一]

總之，『重慶中國三峽博物館藏稀見西南史志類稿鈔本叢刊』所收錄的這幾部稿鈔本，雖然撰寫或傳抄時代距今不算久遠，但是從保存地方文化的角度來看，其價值無疑是巨大的。同時，作為一種前賢遺澤，我們通過對稿鈔本書寫方式、書風字體的觀摩，也可以一窺書寫者的内心世界和文化修為。

[一] 李若水：《從李莊到白沙——中國營造學社與墓葬建築研究》，《建築史學刊》，2021年第2期，第119頁。

當然，受限於叢刊收錄的這幾種稿鈔本本身的體例缺陷，以及文稿保存過程中可能存在的脱漏、缺損，這些稿鈔本也都或多或少存在一些問題。比如有些文稿沒有目録，不便於讀者查閲使用。對此，我們在本次整理過程中專門新增了目録，以便對照翻閲。而對於原本已有目録但無頁碼對照的，諸如《文山縣志》（民國稿本）等，同樣新制目録，以求統一。對於原稿中涉及的圖版、照片等，我們也盡最大可能予以排印或重排保留。

另外，叢刊中所收諸書在流傳過程中，原稿鈔本存在蟲蝕、貼條改换、破損以致個别文字殘缺不全或難以辨識的情况，我們均最大程度地保存原貌，不輕易剪裁、删削，以使利用者能夠較完整地獲取文獻的所有信息。惟對於一些人為的塗鴉、汙損及格線與文字混雜等情况做了一定的技術處理。

又，對於稿鈔本原文中因編纂者所處時代、環境及觀念之影響而存在的那些對當地少數民族的蔑稱（如回匪、夷等），此類用語已完全不符合我們當前的社會觀念和民族政策，也與當今學術界普遍的歷史認知不相協調，但是考慮到原始文稿本身的歷史局限，同時也為尊重文本的歷史語言與話語敘述，我們在影印整理過程中沒有對此進行刻意的修飾或掩蓋，這一點是需要特别説明的。

『重慶中國三峽博物館藏稀見西南史志類稿鈔本叢刊』的出版有幸得到了重慶市出版專項資金的資助，重慶大學出版社重點圖書編輯部孫英姿主任為促成叢刊的立項、出版付出了極大的努力，而張慧梓、張家鈞兩位老師亦在編輯過程中就編選内容、叢刊體例等出謀劃策，提供了很多幫助，在此一併致謝。因叢刊編纂團隊水平有限，對所選稿鈔本的認識和理解或許還有不到位，甚至是表述錯誤之處，敬請讀者批評指正。我們有理由相信，作為唤醒『沉睡』在博物館中的古籍文字活起來的重要一步，本叢刊的出版將為學術界和廣大地方文化愛好者帶去新的養分，豐富多彩的研究成果必將指日可待！

叢刊編委會

辛丑年冬月

續修曲靖縣志稿　卷壹

[一]原稿本此處無標題，編者據其註文補加標題。——編者註

續修曲靖縣志稿　卷叁

［一］原稿本未寫明節次，據前後章節判斷，此處應爲第四節。——編者註
［二］原稿本章節號數空缺，據前後章節判斷，此處應爲第八章。——編者註

註：本目録中的『（空）』即指《續修曲靖縣志稿》的該節正文留白空缺，個別僅留細目及簡要補註。

續修曲靖縣志稿

卷壹

詳：

在三脩人中——詳有江熙者人尚在。

李蓉
畢師聖
郎嘉佑
李世璸
高登祚
劉正乾
曹字孔
畢燮生

張熙瑞
莊明馨
包法先
馮詠仁
傅燮龍
魏樹森
王朝柱
畢習武

楊本仁
雷德泰
尹繩武
趙崗甲
李天植
畢紹渠
王紹清
呂金榮

潘桂芬

喻紹清 以上均邑人

評議

孫天策

邢鋆

丁德榮

焦維邦

曹學林

事務

晋樹玉

協辦

楊懋清 以上邑人

湯錫齡

薛毓祥

趙文淵

李國選

晋樹績

王鳳鳴

楊應培 均邑人

陳洛書 邑人

唐有能

唐鑑忠

楊樹階

孫坦

李天柱

俞樹琪 均邑人

續修曲靖縣志稿凡例 民國十九年

一曲靖前於明清兩代均為府治，管轄八屬，南甯縣為首縣，過去既無府志，民國成立，裁府改縣，以後更無府制之存在，巍巍名郡，愈遠無徵，爰將府之部分，擇要加入。

一丁祭樂章、鄉飲賓興，前以詳在會典，略而不載，以後會典日少，鉅典無徵，乃將從祀之先賢先儒之姓氏位次及咸豐以來舉行之鄉飲賓興，參考列入，一見了然。

一康熙六年越州即已裁衛

一越州在昔有志，縣志即略而不載，謹案越州舊志自咸豐以來至宣統三年之六十餘年間，行政系統既未獨立，越州部分自應歸納於縣志範圍，以便縣志保持完整。

一編志於民國十九年，而截止於清末之宣統三年，此十九年中，不但人文政治之演變甚劇，即種種建設破壞之跡，觀亦甚遠，如交通、水系、官署、寺觀、閘壩、等，宣統三年如彼，民國十九年如此，爲保存實際真象，編者按時記實，此時代之關係也。

(一)舊志條例，極爲嚴謹，除原璧保存外，所得材料，均依原有綱目，逐一增入，其有不能容納者，另作附記於後，以備後來之參考之用。

(一)新增材料，皆根據大清一統志、雲南通志、各項舊志，各先達遺稿，及地方各方人士之幫助，一一均有來歷，惟以隔多年，雖竭力採訪，掛漏仍所不免，其有湮沒者，亦喻芳余先生所謂末如之何也。閱者諸君，幸祈諒焉。

邑人李占魁謹識

續修曲靖縣志稿卷壹

第一章　地理

第一節

沿革

曲靖自兩漢以來。沿革均載舊志。又自清咸豐二年。至清末遜位止。均為曲靖府治。南寧縣為附郭。府管南寧縣、霑益州、馬龍州、陸良州、羅平州、宣威州、尋甸州、平彝縣等八州縣。入民國後。以南寧之名。同於廣西省之南寧。裁府改縣。因名曲靖縣。

第二節

治乱纪事

清

咸豐六年丙辰三月。回漢於沙田口構釁。回衆揭竿起事。擾亂霑益。蔓延曲靖。甚濶。曲尋協袁得華率師屢攻不克。迄十一年曲尋協馬鳳領兵數千。由蔡家山進攻。亦敗績。是年冬回首馬聯陞秉勢犯曲靖。自任曲尋協職。尚不虐民。至同治三年。布政使岑毓英率兵由陸良進兵攻剿。八月大兵圍困曲靖甚緊。回首丁紹湯潛赴省垣哀求軍門馬如龍臨曲解圍。九月軍

门卿馬聯陞於曲城東门外之東山寺、会岑毓
英同正於法。次日令回等分回霑益尋甸。曲
靖以平。始末詳後

附兵事始末

按清自康熙歷雍正乾隆嘉慶道光百四
五十年。夷漢相安。罕有戰爭。夷民均頌中天盛
世。迨咸豐六年正月。尋甸回匪馬三順勾結霑益
回匪桂里長。出於桂家屯外。糾聚衆數千人為乱。斯時
各鄉奉文会團保守。武生張仰中出遇賊於沙田口。
互有殺傷。遂率團練於桂家屯东、与賊桂里長戰不利。
三月武生張元清（曲靖三百户营人）揀鄉勇義餘往勦。敗績
於沙坡。知府賈洪詔請援。昭通總兵鄂吟巴嘞奉調赴
援。五月十六日昭通總兵与張元清進攻。復敗績。

時元臣憤極斷指誓師於此九月賈洪詔檄土司安紹清都司袁洞華千總何有保會昭通兵衆剿餘攻保家鄉。不勝。把總胥恩詔戰死。何有保及練軍楊傑五等整兵再戰。奮勇陷陣。賊遂敗。官軍乃振。役值東道設招撫。賊遂散。石羊保家鄉一帶回寨據巡卡郎黎山七年桂里長犯曲靖。官軍遂戰於城北。斬桂里長等賊。役比犯霑益。遂擾霑益。回匪丁朝名僞稱元帥。衆亟剿餘。

八年夷人何鍾雲即何猓玀作亂。與丁朝名通。官軍屢勦未平。

九年都司文登高。副將陸剿專。會攻霑益。賊將何鍾雲破其營壘。登高戰死。袁洞華調把總何占豹土司海金吳安紹清連營於新橋剿賊不利。九月巡撫時亮基撫和軍散。十月丁朝名死。馬聯陞領其衆。遣賊將何鍾雲犯曲靖。把總何占豹與戰，斬之。遂退。

十年何有保攻回匪於尋甸之易隆。副將袁興華委外委薛占魁帶兵會剿。

十一年王家堡人譚尚珍劉雲等因柔畏衆反。與馬聯陞合。

同治

元年袁興華兵備道唐翁簡令額外顧升把總時發輔都司時發富簡兵防守。馬聯陞遂犯曲營於城北。官軍戰不利。又值匪人趙超身作亂。响應聯

陞。時粮盡援絶。袁得華遂走張良，乃偕援曲
靖。是年七月戕霑益州主志斌於署内
二年三月馬鳳攔副將叛。聯陞還霑益。四月馬鳳
督曲尋兵袁得華招集張良兵數千會討聯陞。戰
於龍尾村敗績。復戰又敗。把總陳本慶戰死。馬聯
陞遂圍曲靖。提督馬如龍委員解和。馬鳳還尋
馬聯陞復據曲靖。自領曲尋協事。
查霑益志載，是年馬聯陞受迤西賊匪杜文秀令
比大將軍偽印、署偽職，遣逆衆數千裹平彝、宣威，
大敗而還。又是年正月十五日，尋甸賊馬榮戕總督
潘鐸於五華書院，時總督印信已賫人送於貴州
巡撫，逆酋馬德新自造關防，偽稱總督任，稱癸亥二

凱旋被軍門馬如龍呵退、

陞。

三年六月，布政司岑毓英督兵由陸涼進攻曲靖，於三轉彎聯陞敗。八月，連聯陞夜劫營，鎗傷脛。官軍四面攻擊，城將拔。九月，知府吳春魁、進士喻懷恭等出城請平，时提督馬如龍由省至曲，誘馬聯陞出見岑毓英公於東山寺，聯陞伏誅，餘匪竄回霑，併歸尋甸、曲靖平。（霑益志載：官兵攻曲甚嚴，霑匪首丁紹湯等潛赴省垣懇求軍門馬如龍到曲解圍云云）

五年，岑公進討貴州豬拱箐。苗匪陶元帥賊等出戰，俱奔北。我軍斬獲甚眾。

六年六月，擒陶元帥斬之。豬拱箐平。八月，凱旋回曲。

七年春，大理髮匪杜文秀遣其將楊威等犯省，戒嚴。岑公由曲靖督兵援省。三月，巡撫劉嶽昭到曲。五月，遣兵攻尋甸。回匪閘水灌城。十二月，閘壞。官軍敗績。

八年正月，總督劉嶽昭收省。尋巧向賊戰，戮四死、黨散。曲靖兵息。

按回亂自咸豐六年丙辰三月廿四起，至同治三年甲子十月初三日平，約計八年零七月，曲靖人民如蹈水火，鄉間家具廬舍，一炬而空，損傷人民，不知若干，間有知名官弁民衆，附錄於後，以闡幽光。

第三節

疆域

曲靖縣面積，東西距一百華里，南北距一百二十五華里。東至平彝縣界七十五華里，西至馬龍縣界二十五華里，南至陸良縣界一百華里，北至霑益縣界十五華里，東南至羅平縣界三十華里，西南至馬龍縣界十八華里。東北至平彝交界二十八華里。西北至馬龍交界二十五華里。至昆明市三百華里。合一百六十五里。

形勢

控制二縣。帶水環山。平疇廣野。爲全滇之鎖鑰。作迤西之門戶。城高池深。與烏川接壤。實西南之重鎮。視諸郡爲衝要。通志

東通兩廣。西接四川。北連貴竹。南近滇藩。據白石江可當一面之阻。舊志

背山面河。浩渺平原。千村煙火。繞郭星羅。形勝甲於諸郡。舊志

第四節
分野

按天文分野。非專家莫由知其詳確。故脩志者每相互沿襲。即間有錯誤。亦莫由知。舊志天文分野。是否正確。魁於此無甚研究。未便妄評。

現在天文地理。注重經緯度數。對於此項。似可請地理測量專家。測明經緯度載之。較爲切實。

氣候

清季末葉。氣溫漸熱。各地間有改栽灌稻此。收成較豐。氣候稍異。

第五節 災祥

清

咸豐二年。彗星見於西方。連續二十餘夜。又是年霪雨日久。上自霑益南門。下至越州。洪水汎濫。六十餘里。饑民流離四方。

咸豐五年彗星見於北方

咸豐七年九月地大震。窗门烈響。人多伏卧牀下約一时許。

次日尚微動。

同治元年三月地大震。

同治二年歲大饑。城内人民。有烹孩兒以度飢餓者。左火側兵局兵尋協馬凤知之提責房主余懋斋遂將此房与回七叔作為清真寺。

同治三年大疫。瘟疫流行。城鄉人民。死亡無算。多率眷遠避。後有大理人鄭俊元充火药局主任向言大理北门城楼祀土都天太子像。人民得以清吉。曲人遂依言行之。瘟疫旋滅。後漸傳於东川昭通各屬。

同治十二年九月十二夜星隕如雨。是年及次年歲皆大熟。

同治十年五月廿五日。洪水破圩一百零八圩。全省各縣多有災。

同治十二年城內賣菜街大遭回祿。燬民房百餘間。自亥至寅始熄。

光緒九年冬月廿夜戌刻星隕如雨。臘月初十亥刻星又隕。

光緒四年秋八月蝗虫食穀。歲大飢。野有餓莩。

光緒二十三年霪雨四十八日。洪水由柳家壩決堤。沖倒民房三十七間

光緒二十年歲大飢。米貴如珠。協鎮李運龍知府施之博同捐廉平糶。

宣統二年歲旱民飢。木葉食盡。謠言四起。是年大雨

雹

宣统三年三月白霞大現。重九日省垣光復。

第六節 山脈

朱衣山在越州城西半里許。有昭勇將軍胡來賓墓

騄駬山在越州城外八里有明孝子何俊墓

料角山在顏家寺烏龍山側。上有雷神廟

烏龍山在越州城外十五里顏家寺村後山半有太和庵

村人顏應麒建
妙峰山在越州西十二里与螺峰山接壤明釋子悟昇建
華嚴寺於上
龔箕山在刘家冲由太和山發脉
羊路山在馮官橋北約長五里餘土質疏鬆
丁家山在馮官橋东南約長四里土質肥沃可種食糧
荒坡山在馮官橋东長約五里土質磽瘠無森林
谷堆山在錢家場东北周圍約四里土質燋燥
沙帽山在河迎村东南高約半里土質疏鬆
半個山在河迎村对面長約二里許土瘠岩泉長流
營盤山在龍王廟西長約三里土質肥沃
癩子山在大營觀音洞文明村之南長約三十餘里土質

黏疏

豬頭山在呂貝坡西南長五里許土質疏鬆

獅子山在石灰窑東南長八里傳言內有銀礦間有開採其土質疏黏多青松

椅子山在東坡西南自南海子發脈長一里許土質肥沃

白象山在文明村後高二里長五里土質肥沃多青松

老王山在叢家灣北長四里土瘠多石

烟堆山在錢家坡自袁家大山發脈高百丈長約五里

顏家大山在白泥坡自勝峰山發脈高二百丈長約十里

揚眉山在竇家村後自勝峰山發脈高百餘丈長約五里

竇家山在竇家沖後自勝峰山發脈高百丈長約十里

貪台山在南城東村中部高約三丈周圍俱濠堆北有一

經可上相傳明時酋長駐此今變為周姓私產

烟堆山在三百戶營東山巔有古松地勢平坦俯瞰一望萬家烟火繚繞目中

第七節 河流

犀牛塘在楊同寨南距越州城二十餘里水由塘中湧出楊同寨後所營劉家堡陳家營費家營均資灌溉箐中即龍泉之水伏流至此塘中流出

惟莫沖箐水距村西南三里餘自春至冬雖旱不涸夏

秋之間渊泉尤旺民咸赖之

唐旗冲箐水在越州城南十五里利農等螺峰泉田土腴膏較勝宗安山各處所產穀米為越州上品

小尖山龍潭距越州城南三十五里凡高倉荒田馬街子蘇家灣大小高寨等處田畝均資灌溉

海寨龍潭發源海寨環繞水城四面流至小河遂入泥溪

河旁

扒補龍潭在东山距挖平龍潭半里潭外築一石坝水沿北河流至宋家河軒家山一帶農民依賴前立水平石年遠敗壞民眾互争由房有文庠張凤楼沿房有武庠陳尔熾纏訟日久至光緒二十八年四月蒙知令朱親臨勘明判決上溝三分半占水平石三尺二寸

下溝九分半占水平石四尺六寸二比均遵判永守

再岔鄉山麓龍潭灌溉曲營毗連田畝以因乃爭水興訟蒙曲靖府太守文彬判決各建一水平石兩處均沾水利

响水河源出馬龍界至麵甸會三岔口之南河因河身窄狹水漲橫流兩岸田地每受其害

響馬龍潭在南城土地廟山麓潭狹水小四圍皆天然石層人呼則聲岸應故名

附名勝

曲靖城八景

三峯聳翠　印翠峯猿峯真峯也環城皆山惟此三峯高出雲表

朗目晚照　每當日暮山光樹色紫翠相映光景蕭然爲石城第一

石堡遠眺　在城南水光山色皆收眼底水口螺星最宜封植

温泉春浴　在分泰山下　水沸如湯

瀟湘碧柳　即瀟湘江兩岸　垂楊含烟籠翠

何屯晚霞　城北東月桃花齊放　爛若綺霞

東湖秋月　即城東海秋夜月照金波蕩漾

北沼荷風　即城北门外上下二沼荷花盛開清風馥郁

越州城八景

玄都清曉　一作玄宫指玉皇閣祖師殿

華嚴古刹　妙峯山華嚴寺

永安夜月

西山烟雨　一作榕山画圖

中洲漁唱　一作中渡漁洲

松林牧笛

畫影樵歌　今红石岩段

東郊夷市　今东门外地名牛街子旧前去城东三里为市夷人不许入城天启二年補鄗作乱围城攻击城中防御甚力贼将城东民房数百余家焚烧殆尽越之凋残即在是矣

谨按八景之说。各处皆有。沧海桑田。不但人心有今昔之感。即自然风景。亦大改面貌。以昔视今。自然迥不相同。但古人感有此八景。惟識自不適宜。似应作落古迹、原样保存。以便或另拟。或删除。当有最新的主时。訂附记于此。以备参考。

第八節 風俗

婚禮

喪禮

葬禮

祭禮

房舍

交易

稱名

歲時

除夕用青松毛舖地各家男婦老少圍坐其上飲分歲酒先少後老飯後家人各帶替身

馬子於頭上旋即取下同五聖馬子錢紙和飯爆竹焚於門外名曰送聖折回貼紫忌於門上謂之封門煨爐守歲四更備香花茶菓叩接天地祀神迎竈

第九節 古蹟

第十節

古碑蹟

潦滸石之大流。即中洲河之下流。河底生石。謂之石老虎。

薛旗田大石刻其中有物狀類紅魚紅蛇紅虫

仙人井距吳友營五里在綠茨沖紅土溝中間山上井面廣二千餘丈。其水終年碧綠。夏秋不溢。春冬不涸。

酋長城壕遺址在華山堡西面山上。土名大哨溝前明酋長劉姓弟兄五人覓同倡亂。盤踞於此。後至德良南海以劉五堆為寨。西平侯沐英統兵勦之

古碑在城內武侯祠內漢諸葛孔明駐兵於此書銷兵留碣四字。

金剛井在城東二十里許。其水明如鏡。中有金魚。長尺許。

人稱寶井。夏秋洪水漲時。井水直出其上。澄清如故。似月相映。

南城古塔有三。高三丈餘。相傳漢諸葛孔明建以鎮妖。一在城西村市西。一在精忠橋北。一在城西村之西。

九龍口在莊家屯。俗名暗洞。其洞高可行船。因圩埂九條相匯於此。故名。

園子井在南城周受殷熟田內。自古每年春涸。鑿井於此。以汲飲水。故名。

第十一節

冢墓 附漏澤園

明

指揮何琪墓在江家村北

昭勇將軍胡秉賓墓在越州城西朱衣山

四川龍安參將胡大賓墓在越州城北紫氣山

節烈錢淑人墓在越州城北紫氣山

孝子何俊墓在越州城北小馬房縣驛山

懷遠將軍莫公墓在城北白石江

武顯將軍唐公鎰暨相之墓均在城北老鸛冲

清

鄉賢儒林唐守誠墓在陂北山

江蘇即用知縣錫進士孫念曾墓在劉家冲

洱源縣教諭孫錫墓在劉家冲

縣令喻懷恭墓在平坡

武定參將總兵銜李廷標墓在何家屯

曲尋協中軍都閫府姜飛龍墓在北教場外

他郎猛竹守備副將銜提勇巴圖魯晓有福墓在城北太和山

廣东潮循道尹李国治墓在城东朗目山

貴州郎岱廳喻懷信墓在霑益磨盤山

羅源縣知縣喻懷仁墓在霑益磨盤山

附漏澤園

城北黄虎洞一區。廣袤十四畝。清光緒二十八年由諸府謝儁杭南甯知縣汝讓同置。有碑。

越州漏澤園四

一在越城東北隅外路邊　一在越州城西隅外大路下邊

一在越州城外東南演武場邊　一在越州城外玉皇閣後半里許

施棺會　設於城內文昌宮內邑人陳錫齡魏顯忠唐熙平孫悦廖文彬等共醵金四百餘兩收息施棺以殮貧屍。光緒廿七年知府謝儁杭捐八房抽典、旅費銀壹千兩。存作施棺會基金。

濟渴缸　在城北大坡寺前。清雍正二年善士崔聯級置水田一畝五分。年收租以作施水工銀。回亂遂廢。至光緒五年伊孫崔正陽等又重置之水。亦義舉也。

續修曲靖縣志稿

卷貳

續修曲靖縣志稿卷貳

第二章 建置

第一節

城池

咸豐五年。城垣傾壞知府賈鴻詔率紳士等捐資修理。

同治六年。四城樓坍塌。總督岑毓英委知府程絅知縣唐占魁重修。

光緒三十二年四城樓傾圮知府秦樹聲令售玄壇廟柏樹。所得價值。委紳等重脩。

越州故城在縣城南五十里。舊係土城。兵燹傾圮。咸豐八年。紳士何應梅時督書李映庚戴九聘等改築磚城。門樓垛口均備。居民賴以捍衛。

(越州舊志)此城係明洪武二十四年建。設四門。自南門至北門一里三分。東門至西門一里九分。嘉靖間重修。四門俱建城樓。嘉慶二年。貴州苗匪滋事。相距百餘里地方。人民驚恐。重修城垣城禦。至今女墻已圮。西南北三方。垣墉亦漸崩壞。城墻唯西門外有之。東門城樓置警側鐘一口。遇有緊急。鳴鐘集眾。改移置文昌閣上。

第二節

公署

督學考棚

同治十年。候補道岑毓祥將楊姓捐金助餉銀壹仟餘兩。委紳士宋九韶陳作銓等重修。

曲靖府署

道光二十七年。二堂傾圮。知府林樹恒重修。

同治九年。大堂各處全行坍塌。知府賈鐸捐貲修理。

光緒十三年。知府文彬重修。

光緒三十年。知府閻樞祚新建西南隅上房十四間。並重修各處坍塌。

附記—民國十六年丁卯冬月被黔軍全數拆燬。十七年縣知事龔克昌復職，率紳民以舊重建。頭門改建新式。即今之曲靖縣政府是也。

○

協鎮都督府署在東門內。此等協鎮武職，宣統年已裁。改爲迤東兵備道署。民國二年改設省立第三師範學校。後又改爲省立曲靖中學

中軍都司署在磋砌街。

越州城守署。毀壞已久。舊在城西南隅，通判經歷居之。後裁，設陸越汛，即以之作爲汛署。因汛官常住陸良。失修遂毀。僅遺故地。其房原日座衙三間，廂房四間。營房二十餘間。外官廳三間。後有營房。

越州官廳，係舊分司署。前後房十餘間。今僅存遺址。

衛官署在越州城东北隅今名大街場房燬已久。
地址清汛員借此操兵。
指揮署在城西南隅。今呼名倉坡。地近倉址。久圮。今僅
存遺址。
演武場在北门外五里

縱

附记——地勢平坦，縱橫里許，有廳房三間，
民国五年改作農事試驗場，培植桑柏果
樹，已經成林結果，歸建設局經管。民国廿年
全部改建營房。
監獄在知署儀门外，年久坍塌，光緒五年 知州林吳
申佑劝捐修理。今圮。
社倉在城南知州倉後。光緒廿年 知府陈舜年新设。光緒廿六年

知府謝維旦、杭紳

重修

越州會在越城南門內。房毀，地址猶存。社會在觀音寺前。

育嬰堂在打油巷　清道光十六年。知府林梅恒、知縣陳步賢因西海子為南營公地，人民互訟至府。林遂判歸府署。倡建育嬰堂。每年收地租制錢八十千文作為育嬰費用。由是兩屬紳合捐膏膳等費。今下堂千總監督其事。失怙嬰孩，均資生活。巡撫顏伯燾題額曰「惟幼篤仁」四字。林府親書「育嬰堂」三字。陳令題額曰「就吾赤子」。至同治二年，馬聯陞圍曲城。協鎮馬風拆毀房屋。地址變為民房，是堂遂廢。

驛堡鋪附

第三節

學校

咸豐同治年間。回亂日久。廟宇傾圮。及光緒三年。知府陳彝委紳士唐續、曹卓英、黎升堦、唐潤平、董憲章、湯增美、孟兩仁、路兩衢等重修。閱半載大成殿告竣。規模較前宏敞。及八年冬知府施之博、知州吳光漢委紳士湯增美等捐資重修。光緒十八年施之博復任知府。又率紳士重修大成殿東西廡。立有碑記。

光緒二十六年知府謝雋杭、知州賈汝讓。都司王玉府。訓導金雨時。教諭趙詠周、訓導時錫元。率同紳士趙守先、時學潛、孫天祐、孫天秩、郎森林、廖文彩、陳廷珍、周庠芬用花局款、訊

戍千總百總指揮兩。重修崇聖殿大成殿東西廡櫺星
道德名門。名宦鄉賢忠烈、孝子各祠。誅茅室宇
而黝堊之。閏十一月乃竣事。有碑記。

謹案舊志凡例云。詳邑略郡。惟例使然。文廟
定制及丁祭樂章等載在會典者均略之。當
清之中葉。海運隆休時。煌煌典制。昭人耳目。
其從略也固宜。迄今時代變更。廢府存縣。祀典
搖搖。後變莫測。見他縣舊志。多將廟宇制度
載之甚詳。茲並載之於右。

後漢章帝元和中蜀郡王追為益州太守。始興起
學校。

唐元宗開元三年盛邏皮立　孔子廟於國中。

元世祖至元十九年命雲南諸路皆建學以祀先聖。

先聖　二十九年四月命設雲南諸路學校以蜀士充教官。

成宗大德五年定生員額府二十人上中州十五人下州十人。

元貞元年命有司割地給諸路蒙古學生員廩餼。

明洪武十八年令雲南所屬生員有成材者選貢

正統二年增雲南儒學師生廩米。　十四年令揀選軍戶送習武舉業。

景泰二年令雲南貴州軍民生考補廩膳以例科貢。

萬曆四年定廣西四川雲南等處凡改土為流

州縣及土官地方建學校，並令提學嚴查。果係土著之人，方准考充附學。不許外省士民冒籍濫入。

清

順治十八年，准雲南省土司應襲子弟，令各該學教訓，俟父兄謝事之日，回籍襲職。其餘子弟並令地方官擇文理稍通者，送提學考取入學。先是順治四年，直隸各省分大中小學。大學取生員四十名，中學三十名，小學十二名。又定直省各學廩生，府學四十名，州學三十名，小學十二名，縣學二十名，增廣生額數同。　九年定每鄉置社學，擇文義通曉、行誼謹厚者充補社師，免其差役，量給廩餼優贍。提學按臨查考。又題准刊立臥碑，置明倫堂之左，永為遵守。

五十五年定童生額數。取進大府二十名。大州縣十五名。小學四五名。

康熙九年。定州縣童生。中學十二名。小學七八名。

三十四年頒製先師孔子及顏曾思孟贊於學宮。

御製訓飭士子文。於學宮立石。

詔天下學宮升朱子木主於十哲之次。

五十五年進宋名臣范仲淹於先儒之次。

雍正元年崇封至聖先師五代王爵各直省府州縣建崇聖祠

二年六月增雲南各州縣歲科試取進文童額數增祀明儒羅欽順

清儒臣陸隴其於東廡先儒之次。三月十日

詔天下地名姓名有同

至聖先師諱者即改爲邱字讀作期音

清歷代頒御書匾額懸各府州縣學宮

萬世師表　康熙九年五月頒

生民未有　雍正三年十一月頒

與天地參　乾隆三年十月頒

聖集大成　嘉慶四年頒

聖協時中　道光元年頒

德齊幬載　咸豐元年頒

聖神天縱　同治元年頒

斯文在茲　光緒元年頒

中和位育　宣統年頒

光緒二年頒

文廟丁祭譜　大成殿各圖並东西廡先賢先儒圖外著明名朝代里居傳於誌者云

大成殿祀位圖

至聖先師孔子

復聖顏子
述聖子思子

宗聖曾子
亞聖孟子

先賢閔子
先賢冉子
先賢端木子
先賢仲子
先賢卜子
先賢有子

先賢冉子
先賢宰子
先賢冉子
先賢言子
先賢顓孫子
先賢朱子

崇聖祠位圖

昌聖王伯夏公

裕聖王祈父公

肇聖王木金父公

詒聖王防叔公

啟聖王叔梁公

先賢孔氏孟皮　先賢顏氏　先賢孔氏

先賢孟孫氏　先賢曾氏

先儒周氏　先儒程氏　先儒蔡氏

先儒程氏　先儒朱氏

大成殿

東配

復聖顏子　名回字子淵魯

述聖子思子　名伋字子思子孔鯉子孔子孫

西配

宗聖曾子　名參字子輿魯南武城人

亞聖孟子 名軻字子輿一字子車鄒人

東哲

閔子 名損字子騫魯人

冉子 名雍字仲弓魯人

端木子 名賜字子貢一作贛衛人

仲子 名由字子路一字季路卞人

卜子 名商字子夏衛人檀弓疏魏人

有子 名若字子若史記作子有魯人

西哲

冉子 名耕字伯牛一作百牛魯人

宰子 名予字子我魯人

冉子 名求字子有魯人

言子名偃字子游魯人

顓孫子名師字子張陳人

朱子名熹字元晦一字仲晦徽州婺源人

東廡先賢

公孫僑字子產鄭人

林放字子邱魯人

原憲字子思魯人

南宮适字子容又稱南宮韜或作縚謚敬叔魯人

商瞿字子木魯人

漆雕開字子若史記作子開蔡人

司馬耕字子牛宋人

梁鱣鱣字一作鯉字子叔魯人

冉孺 字子魯 家語冉孺字子魚魯人

伯虔 古本家語作伯處字子晳史記作子析今本家語作子楷魯人

冉季 字子產或作冉產又字子達魯人

漆雕徒父 字子有蔡人家作漆雕從子字子文或作子有魯人

漆雕哆 家語作修字子斂或曰漆雕哆魯人

公西赤 字子華魯人

任不齊 字子選史記作子選魯人

公良孺 孺或作儒字子止陳人

公肩定 或作公有家語作公肩字子仲史記作公堅定字子中或作子忠魯人或曰衛人或曰晉人

鄡單 鄡或作鼻鄡字子家魯人

罕父黑 今本家語作祈字子棋古本家語字子耕作子

罕父黑 今本家語作宰父黑字子黑古本家語及史記皆作子索魯人

容旂 旂家語作祈字子祺古本家語字子頎一作子旗魯人

左人郢 家語作左郢字子行史記字行魯人

鄭國 字子徒家語作薛邦字子從魯人

原亢 字子籍史記作原亢籍古本家語作原忼字籍一

廉潔 潔史記家語皆作絜家語字子庸今本家語字子曹史記字庸衛人古史作齊人

叔仲會 會文翁圖作噲字子期魯人

公西輿如 字子上家語作西輿字子上古史作公西輿字子之魯人

邽巽 字子斂魯人家語作選字子欽文翁圖作國選索隱曰蓋避漢諱改之劉氏作邽選邽音規

陳亢 字子元說文作伉一字子禽魯人

琴張 又名牢字子開一字子張衛人

步叔乘 字子車一作少孫乘齊人

秦非 字子之魯人

顏噲　字子聲　魯人

顏何　字冉　古本家語云字稱　魯人

縣亶　索隱作鄡亶　廣韻作鄡亶　其父字子象　魯人　家語有　史記不載　或云即鄡單也

牧皮　黄帝臣力牧之後　趙岐曰牧皮從孔子學者　字里皆莫可考

樂正克　周人　或曰齊人　字正子

萬章　鄒人

周敦頤　敦一本作惇　本名敦實　避英宗諱改　字茂叔　道州人

程顥　字伯淳　洛陽人

邵雍　字堯夫　其先范陽人　後定居洛陽　屢舉遺逸不起

西廡先賢

蘧瑗　字伯玉　衛人

澹臺滅明　字子羽　武城人

宓不齊 字子賤魯人

澹臺滅明 字子羽武城人

公冶長 字子長魯人

公晳哀 字季沈齊人

高柴 字子羔家語作子睪齊人

樊須 字子遲魯人

商澤 字子季魯人

巫馬施 家語作巫馬期史記作字子旗陳人

顏辛 字子柳魯人史記作幸或作柳或作韋

曹卹 字子循蔡人

公孫龍 字子石衛人

秦商 字丕魯人今本家語字不慈

顔高 高家語作刻一作尅字子驕魯人索隱名產字子驕通典字子精

壤駟赤 史記字子徒秦人家語壤作穰字子從

石作蜀 古本家語作石之蜀今本家語作石子蜀字子明陳紀人

公夏首 字乘家語首作守字子乘魯人

后處 史記字子里家語作石處字子里齊人

奚容蒧 字子皙家語作奚蒧字子楷魯人正義曰衛人 蒧音點

顔祖 今本家語作相字子襄史記字襄魯人古本家語不載

句井疆 今本家語字子界古本家語字子疆正義句作句衛人

秦祖 字子南秦人家語字子白

縣成 字子祺家語字子橫魯人

公祖句茲 字子之魯人家語無句字

燕伋 伋古本家語作級字子思史記字思秦人

樂欬 欬家語作欣字聲魯人

狄黑 字晳之史記作晳一作子晳衛人正義魯人

孔忠 字子蔑孔子兄孟皮之子

公西蒧 字子尚史記作子上魯人

顏之僕 字子叔史記子叔魯人

施之常 字子恒魯人

申棖 字子周魯人

左邱明 魯人一作郝人左史倚相之後史記姓左邱

秦冉 字開一字子開魯人

公明儀 年字里居無考通考魯南武城人子張曾子弟子

公都子 一作公或齊人

公孫丑 齊人

張載 字子厚橫渠大梁人父廸知涪州卒於官僑寓鳳翔郿縣之大谷口遂家焉

程頤 字正叔伊川洛陽人明道之弟

東廡先儒

公羊高 齊人子夏弟子

伏勝 字子賤西漢濟南人

毛亨 漢河間人受詩於荀卿以受毛萇亨稱大毛公萇稱小毛公

孔安國 字子國孔子十一代孫

后蒼 字近君漢東海郯人

許慎 字叔重漢汝南召陵人

鄭康成 不書名避諱作元高密人

范甯 字子武晉南陽人

陸贄 字敬輿浙江嘉興人

范仲淹字希文其先邠州人後徙蘇州

歐陽脩字永叔号醉翁晚号六一居士宋廬陵人

司馬光字君實陝州夏縣涑水鄉人

謝良佐字顯道上蔡人

羅從彥字仲素豫章南劍羅源人

李綱字伯紀宋邵武人

張栻字敬夫号南軒綿竹縣人

陸九淵字子静号象山金谿人

陳淳字安卿号北溪宋龍溪人

真德秀本字景元一字景希号西山宋浦城人

何基字子恭宋金華人

文天祥字宋瑞一字履善号文山廬陵人

趙復 字仁甫號江漢德安人

金履祥 本姓劉避吳越王錢鏐名更姓金字吉文號仁山蘭谿人

陳澔 字可大號雲莊東匯都昌人

方孝孺 字希古號正學寧海人

薛瑄 字德溫號敬軒河津人

胡居仁 字叔心號敬齋餘干人終身布衣謚文敬

羅欽順 字允升號整菴泰和人

呂相 字仲木號涇野高陵人

劉宗周 字起東號念臺山陰人

孫奇逢 字啟泰號鍾元明容城人

張履祥 字考夫號楊園浙江桐鄉人

陸隴其 初名龍其後改今名字稼書平湖人

張伯行 字孝先号靜菴河南儀封人

西廡先儒

穀梁赤 顏師古曰名喜阮孝緒曰名俶字元始魯人

高堂生 魯人齊公族也或曰高敬仲食采於高堂因姓焉失名字漢伯稱生者乃諸儒之稱

董仲舒 字寬大冀州廣川人

劉德 漢諸王封河間王謚獻史稱河間獻王

毛萇 字萇公趙人

杜子春 字時元漢末緱氏人

諸葛亮 字孔明琅琊陽都人

王通 字仲淹陝西龍門人

韓愈 字退之鄧州南陽人

胡瑗 字翼之宋泰州海陵人

韓琦 字稚圭相州安陽人

楊時 字中立号龜山南劍將樂人

尹焞 字彥明一字德充洛陽人

胡安國 字康侯崇安人

李侗 字愿中劍蒲人

呂祖謙 字伯恭東萊婺州人

袁燮 字和叔鄞縣人

黃榦 字直卿号勉齋閩縣人

輔廣 字漢卿号潛庵嘉興人

蔡沈 字仲默号九峰建陽人

魏了翁 字華父号鶴山蒲江人

王柏 字會之号長嘯更号魯齋金華人

陸秀夫 字君实鹽城人

許衡 字中平号鲁斋元河内人

吳澄 字幼清号草廬崇仁人

許謙 字益之号白雲山人元金華人

曹端 字正夫号月川澠池人

陳獻章 字公甫号白沙新会人

蔡清 字介夫号虚斋晋江人

顧亭林

黄黎洲

王船山

王守仁 初名雲字伯安号姚江餘姚人

呂坤 字叔简号新吾宁陵人

黃道周 字幼平号石齋漳甫人

陸世儀 字道威明太倉州人

湯斌 字孔伯号荊峴又号潛菴睢州人

崇聖祠

東配

先賢孔氏 名孟皮字伯尼孔子兄孔忠父

先賢顏氏 名无繇家語作顏繇字季路史記字路繇顏子之父

先賢孔氏 名鯉字伯魚子思子父

西配

先賢曾氏 名點字子晳史記作曾蒧曾子之父

先賢孟孫氏 名激字公宜孟氏之父

東廡先儒

周輔臣 周子敦頤父

程珦 字伯溫二程子顥頤之父

蔡元定 字季通蔡沈之父

西廡先儒

張迪 張載之父字吉甫仕宋仁朝知涪州事

朱松 字喬年號韋齋朱子之父

魁星閣

咸豐六年。回匪肇亂。閣中多毁。坍塌。至同治十一年知府賈鐸委訓導羅維之冕紳士葉燦松解安瀾湯閣來等重修。閱半載而工竣。

光緒十八年知府施之博知縣賈汝讓委

紳士趙耀先、郎森、廖文彩、劉光宇等重修，用花局存款八百餘兩。閱六月而工竣。

第四節 學額

第五節 學田

第六節 書院 義學附

崇文書院距城五十里。在越州城北门外永安橋左。康熙时邑人士以报恩寺废屋修葺。並取其祖及慈雲菴之租為館穀。碑在關帝廟。

第七節

津梁

李家橋　沈家橋在小坡屯清道光年村民公建

丁家橋一名新橋在城東十五里光緒二年邑人丁朝珍等建

逗水橋在城北十五里與霑益交界蘇家圩角至湯家橋約二里餘。夏秋洪水泛溢。勢甚洶湧。行人阻塞。光緒六年建。及光緒廿六年圮壞重修。民國十二年又复重修。均有碑記。

雲龍橋在城北八里許。同治十年圮。邑人募力建。

彭家橋在城東江西人時發祥捐建。

回龍橋在城東。時發祥捐建。

精忠橋在城南二十里同治間邑人新建

鳳凰橋在城北麒麟橋下同治二年邑人崔本超趙掄元倡建

文昌橋在昭文閣旁光緒九年邑人何秉道何集清新建

鳳鳴橋在城西文明村光緒四年邑人朱師沈瀛洲王策勳等捐資新建

永安橋在越州城北明初建此時兩岸大槐圍數抱月明倚橋下視明珠千顆每浮水面故有永安夜月之稱

小河石橋在越州城東十里清邑人募建

茨園石橋清道光廿六年村人募建

史家橋在史大屯前係木橋民國十四年改建石橋又
名三仙橋
大窪灣橋以木為之
石嘴上橋以木為之
上坡石橋清時邑人公建
饅頭山橋以木為之
雲龍橋在楊貫田村北首
長安橋在北區長河埒北甲民國十五年募資
新建
洪家橋在北區長河埒南甲側光緒年邑人募
資新建
馬鞍橋在北區新興村下有閘光緒廿七年建

文明橋在徐家墳前代建民國時屢次重修

三元橋在西尾呂興鋪

蓮花橋在採蓮村門首

雙龍橋在石灰窑

普渡橋在觀音硐南首

義夫橋在湛家屯民國元年邑人趙樾創建

石嘴橋在城南七十五里。此處爲南盤江瀟湘江等衆水下游。前立木橋。每遇洪水。人即病涉。光緒初年有武生趙綸元等捐資改築石墩。鋪以木板。自此行人稱便。

第八節

閘壩

利子壩 在城北十七里鳳來村。壩水引灌出官田畝。清光緒四年築

蒲溪白石腊溪三江之水。逶迤千里。居民因其高下。相其土宜。築堤數十處。濬渠數百條。灌田數千畝。乾嘉間江低田昂。旱則引水灌田。潦不為災。自咸豐兵燹後。河道日漸淤塞。江昂田低。夏秋洪水泛溢。桑田半為滄海。水患叠經。民不聊生。光緒六年邑紳陳有泰等請於府憲。疏濬修築。由劉家營挑築。至橋頭。約十餘里止。

龍家壩堤 在城北二十里。寅家營側。腊溪河流原繞西關

小坡逢桂花樹上下數十屯田畝。因資灌溉。後緣兵燹民稀。古河沙泥淤没。水遂直下。清光緒三年知府陳燦委邑人丁治裔、代恩榮、劉克宇、劉克耀等閔同莊家灣、木樹村段閔秦、莊陸純等將新河築堰。名龍家壩堰。堰上鑲硐渡清水。以濟下村。古河照舊疏濬。約用夫三萬餘名。如此上下均利。碑記在雲龍寺内

新橋堰。在城北二十里茶亭寺南。其水灌曲霑田畝。咸豐兵亂以後。馬房前面古濟淤塞。水竟不通。民國五年小坡屯柳家堰紳耆李子占魁、宋芝堯、王連第、李會昌等向該堰紳耆唐維勳、楊紹鄴、莊麻斌等言明照舊濬濟。水利均沾。當即訂立合同字據。經曲霑兩縣政府蓋印。立案。永昭信守。

海家堰。在越州城南。雍正八年。知府徐世蔭修石壩。

郝官营堰塘在越州城西十里。黑龙潭水归此塘蓄积。塘边有闸。中间复有一闸。俾此水蓄泄涓滴皆为有用。故郝官营、侍官营、杨官营洲上共受田亩。均资利润。

三益坝在城南二十里巴家山。土名三岔海龙潭。民国八年邑人巴恒耀等集资建筑。灌溉巴家山南城王家冲三村田亩。年约一千三百余亩。

沙坝石闸在柳杨村东首

下兴坝在西区东村旁。清乾隆年魏红桃等筑。

中坝在西区大营　　楚子坝在钱家徼　　大坝在红庙河迎村

左锁坝在大坝村门首　　黑石坝在西区石灰窑

侍郎坝在东坡西南　　响水坝在西区文明村

附圩堤含洞

戴家屯外圩麥田。新圩村民柳蔭全莊紹堂等倡衆新築

小脂洞出水閘。在戴家屯上甲洩水入白石江河。合屯水之盈縮。

以此爲安。

月牙灣在王家堡東長五里。徑如羊腸。行人苦之。邑人姚熙

虞等鳩合民衆踴躍備築。今成坦途。通拱馬二街要道。

東尾牛街子新圩。長里許。高一丈五尺。導水入河。低凹之田

悉成沃壤。

砲石圩在何家屯。民國十年合屯攤工備築。

出水新閘在北尾馬家含硐。民國十二年。邑知事魏錕率

紳李國選等撥田出夫。疏通外圩小河。以洩積水。

續修曲靖縣志稿

卷叁

續脩曲靖縣志稿卷叁

第九節

關哨

多羅坡哨在越州城南三十里。地旁施良。借地安哨。

蛇場哨在越州城东南。五十里。地旁施良。借地安哨。

第十節

市集

第十一節

坊表 附園亭

明進士坊 邑人吳瀛建。久圮。

百歲坊 在舊曲越州城中街邑人楊時泰建 乾隆十九年旌

百歲坊 在陳官營。村人楊貴先建。嘉慶二年旌

紅雲普蔭坊。在潦浒石龍鳳山羽士閻合真建

清道光十五年雲貴總督伊里布題額

義夫坊 在本城西門外 民國三年邑人趙樾廷

雙闕增光坊。在本城北門外。民國六年邑人趙樾廷

李邓節孝坊。在本城南門橋南。民國十三年邑人李兆芙蓉建

清門坊 在中屯瓦子村後李縉祖墓疆界 建自明代天啟乙丑年賜進士出身吏部主政李希揆 建天啟壬戌狀元文震孟題名

啓文坊在三百户營之東。清道光七年本村紳耆士庶建

花甲重[illegible]周[illegible]坊。在南城西村市中與塔相對。嘉慶年一百一十二歲人楊名達建。

武魁坊在南城西村。南道光壬辰年武舉黃高建

松筠勵節坊。在城東七星鄉骨村趙紹孝妻余氏年二十一歲夫故。氏矢志守節。撫二子。民國四年旌表建坊。守節四十四年卒。

附園亭

桂香樓在猿峰書院內。與梯月亭對。有記。

談風月齋。在奎閣內武侯祠旁。院植花木。前矗石山。可為遊覽憩息之所。光緒二十一年都司廖

應昌醻資選。知府施之博題曰談風月處。知縣賈汝謙題曰尋幽。有碑記。

爨碑亭在曲靖中學內。民國二十　年雲南教育廳發款二千元。建亭校內。將地方爨碑及会盟碑由奎閣武侯祠內移置。

第三章　祠祀

第一節

壇廟

萬壽亭在啟文街回亂傾圮。光緒六年知府陳彝籌款重修。民國十三年漸次拆毀。地址歸縣立中學管有。

第二節

寺觀

白衣閣在舊城南門內。閣前為武侯祠。舊制湫隘。光緒三年邑人唐績等募資重建。以成巍然大觀。民國十六年冬月被黔軍將廂房拆毀。武侯祠亦拆毀大半。

五神殿在城北興旺街。光緒七年弁員陳金科重修。

桂香閣在舊城南街磚券硐門上。同治十二年邑人唐績等募資新建。光緒末年街民以疊遭火災因將拆毀。

張仙閣在城西南隅城垣上。久圮。光緒二十八年邑紳陳文明等以公款建。有碑記。

純陽閣在南城樓上。

太陽宮在東門城樓上。

孚佑宮在東嶽廟西側。

玄壇廟在城北門外。明時建。回亂傾圮。同治六年邑人趙愷等捐資重修。民國十七年又重修。

妙高寺在城南五里。俗名秦家寺。清康熙年知縣程封改今名。同治十一年岑毓英駐兵其內。寧部捐資重修。民國二十五年邑人陳一行整理寺産，并捐資重修。

金粟菴一名兵寺。舊在城西勝峰山巔。清康熙二十三年寺僧淨願募資遷建。迄為探幽者遊賞地。光緒七年。邑人方吉中共募資重修。民國十六年駐軍徵有拆毁。募資重修。

福豐寺在城北十五里太和村中。同治二年毁於兵燹。光緒四年村人重建。

瑞和山寺又名大坡寺。舊志為北山寺 建於明季。咸豐兵燹坍塌。同治十三年邑人施明亮等率村人捐資重建。建奎閣三層。因經久。光緒二十六年邑人李会昌等集衆議毁閣照舊式重建。

紅山寺在州城西南七里。舊式湫隘。同治九年知州夏源姜邑人唐續等募貲改建。並祀白瑯神於寺之左側。

靈官廟在城北白石江。咸豐年間。回衆駐營於此。焚燬無餘。光緒五年。邑人李廷昌等募貲重建。有碑記。
文昌寺在城東文筆山下。咸豐燬於兵。清同治十年。邑人重建。
如來菴在城南十里許。同治十三年孀婦陳氏募貲新建。
妙常寺在城西南觀音山。經兵燹坍塌。寺僧宗念勸信善捐積。於光緒二年重修。乃煥然一新。
五壇寺在城東村。同治三年燬於兵燹。次年邑人重修。
啟文閣在城東村。光緒九年。邑人何重道等建。
定海菴在李家圩。同治間邑人李自西等重修。
勝峯寺在城西湛家屯。同治十年邑人湛德福等重修。
曲江寺在城北姜家巷。同治二年村人公建。

五顯廟在柳家屯。嘉慶十四年文生王與咭寧五屯人民創建。正殿三間。道光元年建陪房四間。

關聖閣在三岔。光緒十年。邑人解恆昌等重修。

魁星閣在三岔關。清同治十二年邑人副將徐應宿等重修。

三元宮在城東里許。王家橋。燬於兵燹。清同治間邑人楊友等重建。

玄真觀在三岔關。

三元宮在三岔關。

十王閣在三岔關。

五顯廟在三岔關。

三霄聖姥殿在越州。清同治六年。邑人李洪芳等重修。

觀音寺在越州。明時建。清咸豐四年。邑人時應春等重修。

三元宮在越州。咸豐八年。邑人翁培中等新建。

太陽宮在越州。光緒二年邑人時應珍等新建。

財神宮在越州。光緒九年邑人何席梅等重修。

三教寺在越州城南十五里。潦滸石。光緒四年邑人時迎鳳等重修。

三聖宮在越州城西七里許。橫大路。邑人何應植等新建。

祖師殿一名廣慧菴。在越州城西騾峰山。清道光年邑人恭志舒等重修。

安國寺在越州城西北真峰山明黔國公沐英建同治十一年寺僧方華重修。

興隆菴在越州西山下白水沖。相傳明嘉靖間白衣大士顯聖。於此。邑人築菴祀之。光緒三年邑人時業紳重修。

太和菴在顧家寺村後烏龍山。明天啟元年寺僧圓淨建。陝西總督傅忠壯公為之記。

真武觀明成化二十年茅伯陽建為習儀醮祭之所。御史范珠為之記。辰州知府時濂書。

靈官廟在越州黃泥堡。每屆祀事。以胡姓主祭。後即相沿為例

白龍廟在越州大馬房

三教殿在越州吳官營

三皇廟在越州西山上三窠樹

朝陽寺在北區黃泥堡。乾隆年時吳善建。內附時姓宗祠

民國五年時子禹等捐貲重修。

荷花菴在西區荷花塘。清光緒十年村人公建。

老鸛沖公所。三間。光緒二十八年邑人公建。

劉家沖公所三間。清光緒二十六年公建。

興隆寺在北區馬王坪。清康熙年建。名回龍菴。道光年重修。更名興隆寺。光緒廿六年。邑人高守國高聲祿率眾公建。

三友寺在北區西劉屯。清乾隆年村人公建。

五靈廟在北區柳家屯。清乾隆年村人公建。

戴家屯上下甲各一所三間。清宣統二年各建。

淨樂庵在西區蘇黃冲

馮官橋一所三間。清乾隆二十三年兩建。

三皇廟在西區大填屯。元至正三年建。

河邊村一所三間。明洪武八年建。

地母祠在西區錢家廠。民國四年節婦王志修及王冷氏募資創建。

鎖水閣在西區錢家廠。清嘉慶元年建。

興隆寺在西區冷家屯。青龍山。明永樂年建。民國三年村人重修。

財神廟在西區冷家屯。清順治十一年建。

準文龍寺在西區石灰窰。清乾隆八年建。

三官寺在西屯呂興堡。明隆慶八年建。

玉皇閣在西屯大營。清康熙三十一年建。

牛王寺在西屯大營。清康熙四十年。咸陽知縣沈廷闌致仕建。

觀音閣在西屯觀音硐。同治十年庚午王策勳由硐門新建一閣。以助觀瞻。

文昌宮在西屯文明村。彭鼎山欽。宋雍熙年建。同治十三年重建魁閣。

財神廟在西屯小坡街。清光緒末年村人以石敦捐資建。

壽明庵在田家堡。清康熙年建。後又重修。

三皇宮在田家堡。清光緒二年眾建。光緒卅年又重修。

福國庵在軒家山。明洪武年建。後遭回祿。民國八年。等覺重建復舊。

青龍寺在鐵家坡。乾隆年建。

五顯廟在竇家沖村後。道光年建。

湛小屯三所。道光十四年建。

三元宮在南城西村。民國十四年建。

文昌寺在南城西村。乾隆年建。

觀音寺在觀音山巔。光緒九年寺僧宗念建。

普賢庵在小觀音山。日久朽壞將圮。光緒廿三年士人徐昌重建。

華嚴寺在陳官營。毀。附近橫大路。在妙峰山上（又名螺峰）（又名三台山）釋悟日升建

第四章 賦役

第一節 戶口

光緒九年實編土著客籍民屯一萬五千八十九戶。共計男婦大小六萬零九百二十七丁口。據陳子貞稿

民國二十年自治籌備會調查全縣煙戶共二萬零五百四十九戶。人數男四萬九千二百二十一人。女四萬三千三百三十八人。

合計男女丁口共九萬二千五百六十一人。

第二節

田賦

清光緒九年。實額征八成三分。條丁銀四千七百九十七兩。五錢六分。　魚源詳在内

額征八成三分秋糧三千二百七十四石六斗四升

成熟屯田七百九十七頃三畝二分

謹案民國成立以後田地糧條額數均仍舊

并無增減原征數如後

徵秋糧三千三百三十三石六斗三升六合。

徵條丁銀四千八百七十八兩六錢五分六厘二毫。

至民國八年奉令改編戶糧冊。前後六年

乃蕆竣。共增秋糧壹拾玖石零零四合。共

增條丁銀九兩七錢五分三釐八毫

截至民國十九年。全縣屬每年共欵徵秋粮三千

三百七十二石六斗四升。

每年共欵徵條丁銀四千八百八十八兩零一分。

現在每石（兩）實徵田賦洋銀二元五角五仙（一元八角一仙五厘）每石徵附捐一

元。團費三角。

合計實徵田賦洋銀一萬七千四百一十九元八角一仙。

附捐洋銀三千二百七十二元六角四仙（此項附捐係自民國四年新加實徵）

團費洋銀一千零二十一元七角九仙二厘。此項

團費係自民國六年劃歸地方辦理團務。

現在並未撥出地方款徵收須候籌。

紙幣價值。漲落無常。此時滇幣一元僅值生洋二角

積貯

社倉存糙市穀谷八十石二斗。此項積存。因糙久出蝕。經城紳合商售價發商生息。至今已支用無餘矣。

課程

額徵商稅銀八千五百三十七兩三錢三分三厘。自咸豐六年以後迭遭兵亂。商賈稀少。至今尚未足額。

額徵官庄租折銀十六兩零二分三厘。同治十三年。奉令以八成徵解。限十年復原額。

越州牲稅每年五十六兩九錢二分三厘。由縣解庫。

查商稅牲稅等項自民國十九年。已提歸省政府統稅經收。縣署早卸其責。

第三節

經費

謹案南甯縣志。體例使然。僅載知縣經費。知府武職。付之闕如。府志未修。至光緒十年邑人陳子貞琛仲錡等續修縣志。採訪列入。茲根據採錄如下。

知府一員。原定俸銀一百零五兩。養廉銀一千六百兩。現定以六成給領。　役食銀二百二十四兩。

府教授一員、　府訓導一員

副將一員

歲支俸銀五十三兩四錢五分七厘九毫七絲六忽

養廉銀八百兩。薪蔬各項銀四百七十五兩二分。

都司一員

歲支俸銀二十七兩三錢九分三厘。養廉銀二百六十兩。薪蔬各項銀一百五十四兩四錢。

守備二員

每員歲支俸銀十八兩七錢五厘九毫九絲九忽九微。養廉銀各二百兩。薪蔬各項銀一百二十二兩四錢。

千總四員

每員歲支俸銀一十四兩九錢六分四厘七絲九忽九微。養廉各一百二十兩。

把總八員

每員歲支俸銀十二兩四錢七分一厘。養廉銀

各九十兩。

查曲靖武職。自清光緒二十九年奉　旨裁撤千總外委。三十年開將都司守備一律裁革。及民國成立。改府為縣。知府典史均廢除。南寧縣更名為曲靖縣。白水巡檢更名為縣佐。俸祿公費。增減屢更。民國十八年三月一日奉令改為縣政府。自十九年七月份起奉令加薪。每月共支俸公滇紙幣壹千元。開支如後。

縣長一員。月支俸滇幣三百元。

秘書兼承審一員。月支薪滇幣一百元。

縣政府內設三科辦公。第一行政科。月支滇幣一百三十五元　第二理財科。月支滇幣一百二十元。 第三司法科。月支薪費一百元。 司法巡長兼管獄收發一員。月支薪費四十元。 司法警察五十二名。月支薪費二十五元。 雜役八名。每名月支薪費四十元。 共計月共支出一千元。

白水私佐一員 每月支俸薪費七十元 自民國二十年七月一号區公所成立。此職遂裁。

第四節 物產

穀屬

稻 以前只有水稻一類。近以氣候燃熱。大半皆栽秈稻。約一百二十餘種

食貨 農產製造品

韮菜花 金銀細絲掛麪 粉絲 醋

醬油 柿餅

蔬屬

果屬

花屬

木屬 附竹

藥屬

王不留行　九里光　金銀花　天麻子

香薷　蒼耳子　蒲公英　虎掌草

羽屬

毛屬

銀鼠　松鼠　香貓　野豬

鱗屬　附介族

鼃　田雞　蝦　蟇　石蚪　細鱗魚

馬魚　黃魚

蟲屬

蛾　蛟　蒼蠅　蚋　壁虱　黑馬蟻

黃馬蟻　竹節虫　地雷　斑蝥

蜈蚣

第五章　官師

第一節

勳封

第二節

官制

謹案沿革條內明日南甯縣有越州石堡山之地入焉。始爲曲靖府治。清因之。南甯縣舊志爲体例所限。知府武職。均付闕如。清道光以前知府武職人名無考。光緒十年邑舉人陳安路安衢等續編稿內僅考至道光年。故但從道光年敘起。兹採錄如下。

文職

知府一員　府教授一員　府訓導一員

知縣一員　縣教諭一員　縣訓導一員

典史一員　巡檢一員

武職

副將一員　都司一員　守備二員

千總四員　把總八員

民國（清宣統三年辛亥光復，以次年壬子爲民國元年，廢府存縣，更名爲曲靖縣）

縣知事一員

縣佐一員

第三節

職官表

南寧縣知縣	教諭	訓導	驛丞	巡檢	典史
清					
咸豐 毛玉成 山東人 進士元年任	朱庭碩 石屏舉人				
王敬 江西人	楊煜東				

許濂
黨晰
龔敬勝

同治

慶勛
積壽
蔣恩超
吳增祿
夏源貴州人

昆明舉人
段儒廉他郎人
杜雨膏富民拔貢　蔡發祥晉寧舉人　馬懷玉　湯佑衡
楊翥南安恩貢　姚成之雲南府舉人　徐啟楨　彭會超
趙成己　薛光庭
吳中孚

唐湛春

晥承頤

德生 進士

劉毓珂 順天人

光緒

宋寶械 四川舉人

孫紹曾 河南舉人

胡以達 湖北人

吳申佑

羅之冕 河陽廩貢

羅瑞圖

吳榮先 昆明舉人 七年任

李相 湖北人

申武南 新興廩貢

葉樹榮 浙江人

汪楷

白士遇

李好恩 順天人

王大德

林惠榮 四川人

周良鑑 安徽人

廖金聲 四川人

熊鼎勛 江西人

張維清

劉樹森

江蘇監生

李應章 湖北人 五年任

袁照蓉 貴州舉人 六年任

吳光漢 江蘇監生 八年任

張禮堂 湖北舉人

黃毓崧 貴州拔貢

陳清昌

陝西人

四川人

郭世昌 四川人

蔡學鎏 四川人

楊鴻年 昆明舉人

阮譙

鈕承植

賈汝讓

朱勛

江毓菁

王鎮邦

趙詠周 通海拔貢

魏鴻鈞

葉凌雲

范金鏞 江蘇進士

申家樹

劉乾

鄔啟宸

廖敦孝 江西

李毓秀 昆陽副榜

宣統

胡殿均 江蘇舉人

周文鎬

郭奎光 廣西舉人

衛汝基 廣東番禺人 宣統三年任

附記——清宣統三年辛亥九月九日光復。以次年壬子為民國元年。及三年廢府存縣。改南甯縣為曲靖縣。縣知事以下。設縣佐、警察局、團保局、勸學所、實業所。至十八年改警察爲公安。團保爲團防。勸學爲教育。实業爲建設局。

十九年又增置財政局。茲表列如下。

中華民國

曲靖縣知事縣　佐　公安局　團防局　教育局　建設局

楊椿林　覃寶瑜

貴州畢節人

李春暉　趙崇章

廣西桂林人

秦康齡

呈貢縣舉人

李鍾本　李向東

大理縣人

徐增祜 師宗縣人

李

廖崇仁 江西人

楊宗勛

王楨 昆明縣人

樂承業

張鴻翼 永昌人

雷秉衡

李沛

李增蔚 蒙化縣人 清進士

尹彬 湖南人 鄭錫昌

魏錕 東川知人 清泰人

段克昌 宜良知人 陳洛書 邑人

張其鑾 鶴慶知人

劉鍾華 思茅人

洪承德

康洪銓

劉人佑昭通人
林景泰保山人
劉宏福鹽津人
馮天祥昆明人
楊玉生順寧人
李士厚魯甸人
倪德馨昆明人

續修曲靖縣志稿

卷肆

續修曲靖縣志稿卷肆

22079

謹案舊志限於體例。職官類於知府副將等官。均未載及前輩幾度續修。亦從查悉。茲從道光年爲止。道光以前。無從查考。茲錄查明如下表。

清

曲靖府知府　　教授　訓導

道光

林樹恒大興人

福瑞滿洲人

許應元

塔爾尼善滿洲人

尋騰鳳山東人

王裳越山西人進士

吴開陽江蘇人

胡文柏安徽人進士

裴聰

鄧爾恒江南人進士

咸豐

寶俊滿洲人

賈洪詔湖北人進士

李恒讓廣東人

許瀛江蘇人

吴德清貴州人

周範貴州人進士

張錫璜浙江人

吴寶森江蘇人

李肇芳河陽舉人

王正中廩貢

楊永清永昌舉人

范體中昆明附貢

程　緘　安徽進士

吳春然　浙江人

胡紹曾　湖北俊秀

李　汧　廣西舉人

王　楷　湖北舉人

蘇長豐　陝西俊秀

賈　鐸　河南進士

汪元卿　浙江副榜

光緒

吳其楨　安徽俊秀

陳　彝　江蘇進士

舒之翹　安徽俊秀

施之博　奉天進士

王京詔　昆明舉人

羅瑞圖　河陽舉人

李　浩　雲龍舉人

趙鴻儀　江川歲貢

李恒芳　路南舉人

董燮元　安寧廩貢

全楙績

文彬

施之博 復任

謝雋杭 山東進士

閻榕祚

劉雲章 陝西進士

張鑑清 四川人

秦樹聲 河南進士

周暻

秦樹聲 復任

溫紹霖

陳寶瑨

李朝相 新平歲貢

金雨時 路南廩貢

趙家珍 晉寧恩貢

施道治 路南舉人

徐元華 昆明舉人

曲靖副將以下各武職

清道光

曲尋協副將　都司　守備　千總　把總

曾勝柳州人　韋中魁安徽　韓清傑河南　黃元　尹開元

貴山滿州人　周緒太和　古維藩江西　周發　康顧仁

積慶滿州人　保蕙滿州　呼象方直隸　賈士能　史彰典

楊麟滿州人　呼學霖大理　張才鶴慶　劉泰然　何昆

常祿滿州　周鴻勛鶴慶　潘聯桂山西　湯仁

桂林滿州　竇揚輝昆明　陳文標

福陞滿州　袁得玉楚雄　呼聖教

伊克坦布滿州　楊潤大理　王得祥　曾超

存柱滿州　陳義　胥恩詔

愛興阿滿州　李鍾林　曾樹

文俊 滿州　謝芳蘭 臨安　袁文治

正錦繡 柳州　袁得華 楚雄　胥炳甲

邵鶴齡 山東　施嘉賓 昆明　孫占魁

咸豐

劉思禮　陶尊 南寧　湯秉坤　何占標

袁得華 楚雄　胡文貴 南寧　陸萬垂　何永垂

同治

夏毓秀 昆明　趙光滕 宣威　蔣聯璧　馮聯科

楊國發 臨安　何秀林 宜良　保殿魁　張明

英林 滿州　譚美 昆明　馮士魁　史書

吳永安 廣西　黨萬清 東川　王會　朱長生

任士斌 東川　趙文錦

趙廷訓 安徽　戴家修

光緒

李榮春 湖南　姜飛龍 南寧　潘正昌 江川　姜元　尚致祥

恒　泰滿州　楊　楷昆明
杜遇春直隸　徐峻采东川
房寶元四川　許占元昆明
潘永勝安徽　張得勝天津
馬麟飛湖南　錢大川云南和
劉得勝湖南　朱明新师宗
黃仁遺湖南　劉鳳章廣西
馬　桂　王　玉
趙　發路南　方有元
何秀峰　廖益昌　陳交泰　施成棟
蕭绍霆　覃允華　馬玉山
李運龍廣东

王功甲　石寶
吳永康　李佩玖
郝邢鍾秀　牛先有
吳永泰　李洪春
高文英　施詠春
段汝霖
陳金科
丁　高

清

名宦 忠烈附

周熙有 字敬廷。山西舉人。道光三十年權南甯知事。政簡刑寬。戶無征糧無常。公始平定外斗。除奸盜命案外。餘無監禁。民有去天之頌。

毛玉成 字琢菴。山東進士。咸豐元年權南甯知事。學識宏博。留心民瘼。知志自王樗修後。百餘年荒廢。文獻無徵。公聘邑紳喻懷信時鏡湖共續修刊印。訟案隨到隨結。不留積牘。

夏源 字介臣。貴州人。權南甯知事。回匪據城時。戶無糧冊全數攤鋪紙甲。民間征糧。轇轕紛爭。公飭另造糧冊。民甚爲便。廉明慈惠。民咸感德。

李應章字子元。湖北人。性剛介。精吏治。充總督文巡捕。光緒五年。權南寧知府。聽訟敏捷。囹圄一空。民服其直。後因案記過。紳民惜之。孔子曰觀過斯知仁矣。

陳清昌字澄齋。四川人。光緒十餘年知南寧知府。有才辯。知民情。結案迅速。性堅剛。未久另調。民愛慕之。

賈鐸字振之。河南人。進士。曾任御史。同治末年。授曲靖知府。廉明慷慨。恤民疾苦。脩奎閣書院、明倫堂故安。文華學利。課士懇切。造就人材頗多。

陳彝字六舟。侍臚。光緒五年權曲靖府。以性靜好善。學識高古。得人所略。不釣虛譽。重脩萬壽亭文廟。倡築金龍潭埧塘。濬阿幢河復古。見雲郡志益獎勵節婦俊秀文童。維持風化。

謝雋杭字南川。山東人。翰林吏科掌印給事中。曾官御史。顏柳書法。得其神髓。光緒二十三年授曲靖府知府。恬靜寡言。到任以後每逢月朔。集士子於明倫堂宣講聖諭。免肩挑背負貨稅。凡有貧嫠。由花局月給膳費。能自食其力。旌獎匾額。以花局積嘗倡修文廟崇聖殿大成殿櫺星戟門。培修文筆塔。評試生童。每月擬文揭示為範。捐俸薪綸義塚地一區。在黃泥硐綸清節堂穀廒。籌捐枋會水火費。公款不敷。撥八房規典吏費若干兩。又捐廉湊足銀式千四百兩存義昌號生息。賑災施棺。倚裝又捐廉綸置寄生所房屋一所。民國十六年毀於燹後又新建善政纍纍。人民咸稱生佛。辭職歸里之日。香案盈道。遮塗延長十餘里。甚有如百歲老人劉文廣攔輿脫靴。懸於東門城硐。至民國十六年兵燹始廢。

秦樹聲字宥橫。河南固始人。進士。經濟特科中式。

光緒廿六年授曲靖府知府。字融齋，四新。氣節軒昂。下車以後，即認真整頓曲靖府中學堂。聘用外省優良教師劉堯初到校教授。提倡新學，一時風氣大開。按尤入署訓誨如子弟。學生成績嘉良者送省會各學校肄業。舊俗為之一變。本知名小學校經費多於公手撥定立案。郡民健訟，公多受理。陋風陋規。革除甚多。於負郭之廖角山。提倡種松植蠟。四門城樓坍塌。籌款修葺。又捐廉創辦工廠公司。導貧民工商。俾恤寒畯。府屬宣威有土司爭產。嘯聚數千。釀亂。州牧懼而乞師。公輕騎往諭。蒲伏聽從。卒以無事。工楷書，善詩詞。共即應元。善政善教。人民感戴。

中華民國

尹　彬　字愚江。湖南人。民國十一年權曲靖知事。顧品珍退兵過曲。馬嘶人喧。幾釀成亂。公集紳調停。捐送餉旅各費。得保安全。鄉邑匪患。親身率團勦辦。農村匪風。得以澈平。

李增爵　字襄國。蒙化人。清進士。民國九年權曲靖知事。學問淵博。熟習民情。不畏强權。訟案皆親身審訊。惟恐曲民。農村紛爭。輕僕從查。民以無擾。考注二晉魏各碑。自奉儉約。常存愛民之心。惜在任未久。未得展其所負。

一三二

段克昌

字筱峰。宜良人。民國十四年權曲靖縣事。見各圩水患。原因南盤江下游石峽梗阻。乃計劃修濬。親往省垣請求發領鉅量炸藥。炸通潦游石江中石峽。以宣洩各圩積水。荒廢八十餘年之縣志。文獻無徵。積極籌款。聘請地方人士繼續修纂。民國十六年秋冬之際。兩度軍過。源源籌供餉糈。民以無擾。軍興之時。縣政府房舍被客軍拆毀。無片瓦存。籌款就建復原。其愛護人民之心。始終如一。故辭職之日。地方紳民挽留不得。常去思不置云。

忠烈

第六章 人物

第一節 鄉賢

清

唐守誠 号真峰。邑人。庚午舉於鄉。歷任廣西通海教職。經史淵博。著述甚富。已刊行世者有周易淺述、增刪五字鑑略、六夢軒集、姓解三卷。存稿五十五種。光緒十四年，其子攜其著述呈請令督譚擬戴提學會奏，准其入祀鄉賢祠。詳文字部

孫錫字禹疇，邑人。清同治癸酉舉於鄉。歷任太和縣、浪穹縣教職。後又任本縣勝峰書院主講。品優學粹。教導懇摯。壽九十終。縣民呈時地方公請崇祀鄉賢祠。

劉宗澤字雨村。清舉人。性剛直。不媚權貴。上司諒其耿介。委以繁劇。歷任貴州知縣。所任之處。皆有政聲。回籍後任武定、鎮雄、陸良、芍縣縣長。晚年飲酒賦詩。遺有詩稿二卷。精

堪輿。不善治生。身後蕭條。年七十餘終於家。

孫光庭 字少元。清光緒舉人。内閣中書。幼究經史。早擢甲科。中歲憤清政不綱。翊贊共和。伸張民權。蜚声議壇。且勤省政。任民政司長。省務委員。曾一度任國會議員。尤以致力教育。厥功甚偉。滇省俊彦如唐继尧、李根源、顧品珍、及護國之役。省外賢豪如蔡鍔、李烈鈞等。均出其门。並有东斋文鈔。壽八十二終於家。（採自中央通讯社）

李國選 字文卿。清文庠。入粤贊勳戎幕。歸後盡力地方公益。年七十六終於家。

第二節 忠烈

清

李高明邑人。由選貢宦遊福建。歸里後值流寇陷城。罵賊死。清乾隆間。准給恩騎尉世職。

劉沛然本城北関人。咸豐三年以副將出師洮州。至鸚鵡関被圍。絕粮七日危甚。勵其下曰。吾輩殺賊報效可乎。士卒感憤。陷陣戰殁。給雲騎尉世襲。

劉華然本城北関人。咸豐三年。以把總勦尋甸回匪。於小荒田陣亡。給雲騎尉世襲。

王肇基邑武生。有膂力。回乱從戎。善戰屢挫敵鋒。後回匪犯邑。肇基率兵戰於新橋。與侄王九俱戰殁。

晉恩詔城内人。咸豐六年。以把總剿回匪。戰於妙坡陣亡。給雲騎尉世職。

陳永慶　咸豐九年。以外委剿回匪陣亡。給雲騎尉世職。

郎林　邑人。咸豐十年。以外委征張良陣亡。

李興　老尹村武生。咸豐年間。剿回亂。郡守賈委令赴平彝安定山募土兵丁五百餘名。至教場編商次日率向石板河保家鄉一帶攻剿。不幸回兵衝鋒對敵。因兵失救。死亡甚多。歸駐北門城樓。越數日李興因傷殞。

史忠　邑人。有勇略。入出尋協營。擢副司廳。隨征黔有功。加五品職。年二十九歲。值馬廠何稞擺亂。奉全勳祥。身先士卒。直搗賊巢。陣亡。奏聞。給雲騎尉世襲。

曾　超邑人。同治元年。以把總勦霑益回匪陣亡。給雲騎尉世職。

朱學孔邑庠生。爲參將李廷標幕賓。同治八年。出師楊林陣亡。給雲騎尉世職。

何錦纘邑人。同治三年。以守備出師霑益陣亡。給恩騎尉世職。

時近辰邑人。爲參將李廷標幕賓。同治八年出師楊林陣亡。給雲騎尉世職。

馮　昭邑人。同治九年。以把總出師澂江陣亡。

李廷標。字名軒。邑人。幼貧。長以勇稱。回亂四起。投岑毓英部下。屢著戰功。授武定參將。同治十年出師館驛。負傷陣亡。給騎都尉世職。

莊太邦邑人。同治十年。以千總出師館驛陣亡。

陳國清邑人。同治十年以守備出師館驛陣亡

戴澤元邑人。同治十年以千總出師館驛陣亡。

李大賢邑人。同治十年。以把總出師館驛陣亡。

自清咸豐四年至同治末年陣亡將弁姓名如左

趙國昌　梁朝柱　文登高　錢能　潘榮

許占奎　胡興邦　李有才　王新民　朱發貴

時允中　邵宗福　胥開甲　許榮　余成功

李能　陳國順　彭大德　刘文亮　朱典

邵文英 潘彩雲 丁 鰲 陸萬春 許廷彪
繆廷昌 胡士春 劉爾寬 陶 倫 李元亮
韓珍寶 楊廷興 潘鍾鍾 陳華元 時文元
湯耀先 陳孝贊 崔發有 傅之鉞 時成雲
林開勝 劉占魁 邓占洪 嚴鶴齡 徐實明
楊永清 王洪順 查元清 陳萬朝 朱 敏
董毓之 繆成一 梅映芳 李自强 姜 昆
騰春林 鄧宗國 李廷槐 時立昌 時士洪
羅廷明 崔連雲 嚴廷昌 楊廷勛 王紹勳
何天喜 王懋勳 時二貴 馮萬春 王貴生
李芳林 陳大定 李元福 陳永慶 時小貴
時本昌 劉得勝 陳永標 時元鎏 黃開朗

李廷洪　陳宝興　時　藻　黄閙元　李存忠
時仲桓　時元美　黄閙新　陳正文　時仲武
時周元　王官林　周鳳翔　張　英　張　貴
孫有德　洪興發　黄喜娃　時德久　張步高
徐　榮　時蘊珍　時宝鈺　時石甲　時名元
時　和　何自有　何之俊　時　青　陳　懷
戴世俊　尹二甲　時名啟　劉　元　王發甲
黄文中　時步雲　蔡　吉　邱茀有　莫　奇
張有科　時小毛　李　才　李朝升　張居福
時發甲　秦　才　李朝用　張本立　李　祥
徐長有　劉　有　何占元　時　貴　柏　榮
時自芳　鄭　芳　劉大中　郭正祥　吳三甲

張二長　時金　王嘉有　金之甲　何大老
方立申　李老八　王老三　雷祥　王成
吳有貴　丁有才　李自常　萬有真　白小三
陳官常　吳中起　陳寶興　陳永標

以上總計壹百五拾玖名

又自咸豐四年至同治末年陣亡兵丁共一仟四百八十名（根據陳子貞稿未註姓名只得照載數字如上）

居民被回匪屠害者訪得姓名錄之于左

王金名　崔周　李在瑤　朱尚友
傅萬順　崔太山　王朝俊　朱尚信

清光緒時

姜飛龍字從軒邑人。幼讀書。明大義。於咸豐光緒間回乱劇甚。乃投筆從戎。屢立戰功。授四品協都司加副將銜。光緒十年出師越南以瘴身故。恩給六品蔭生。入祀忠烈祠。

張有福字輯五邑人。幼遭回乱。乃從戎。有謀有勇。屢立戰功。加副將銜。任代郎猛竹守備。光緒十一年三月出師越南陣亡。入祀忠烈祠。

解珍雲字現南邑人。回乱從軍。加千總銜。任白水把總。光緒十年。出師越南陣亡。

附難蔭 回乱死難者

何海林　張懷義　何壽林　時文友　邓宗福

以上俱世襲雲騎尉

李發祥　時受恩　向萬年　錢元勛　武發

陳家珂　以上俱世襲恩襲尉

附忠義

雷澍豊字育亭。城南周旗營人。郡庠生。設館教授生徒。言行謹愿。同治元年。劉盜鄧雲飛趙超群作亂。村落蹂躪。澍豊居家中。賊適降。不從。幽之空室。數日不能脫。乃慨然曰。吾士人也。賊而生。不義義而死。求生害義。殺身成仁。其知所擇矣。遂縊死。可以謂之舍生取義之人矣。錄陳子貞稿

第三節

宦蹟

張行忠 字敏政。邑人。戊子舉於鄉。大挑任眉州知州。政簡刑清。改任新津縣。邑多水患。因疏河渠。溉田數千畝。民多利賴。權石泉縣時。道途淤塞。設法利濟。土人猴國相等聚眾搶劫。號文克家材。文克出示眾。眾抗變。將為變。行忠諭以禍福。遂釋戈逐散。分別懲創。追還財物。夷民帖然。擢德陽令。修學宮。課士子。邑人懷之。卒於官。

彭鶴齡 字九皋。號雲卿。韻谷公之胞弟也。邑人。由附生從軍。議敘縣丞。補授貴州理苗縣。

丞佐軍掃除永從、下江一帶匪亂。以勞績陞署荔波知縣。到任以後。見該地苗族不識荳麥蚕桑利益。鶴齡相機提倡。由收良好效果。民咸頌德。未幾卒於官。黔巡撫曾奏請奬入清官祠。紳民建德政碑。

以上俱錄孫子貞稿

第四節 孝義

（孝）

清

陳書秀字鍾山。邑人。少聰穎。讀書師授即了文義。年十六入庠。次年食餼。幼孤。事母孝謹。友于諸兄弟。兄故遺子廷弼。書秀撫之如子。教讀甚嚴。好善其天性也。聚鄉間子弟教之，不取學費。有嬰孩棄遺道旁者，令收養之。有大志，且勤於學。卒年三十一歲。

彭大賓，字覲臣，游藝屯人。寄字羊龔。家貧勤讀。事母孝謹。母目失明，大賓舌舐數年，忽能視如常。母老患病，奉侍愈謹。凡濯足、瀚衣、滌溺，悉親爲之。咸豐壬子成進士，授山東肥城縣，改甘肅知縣，有政聲。卒于官。

雷沛霖，字澤之。幼好擊劍，後折節讀書。入縣庠生。篤于孝友，樂善好施。賙族黨，濟貧窮，活棄遺嬰孩約數十人。修廣廟數處，卓然有仁厚之風。

孫繼興，字學齋。幼失怙恃，善事庶母。友愛弱弟，勤孝讀書。補弟子員。好周濟親族。待以舉火者約十餘家。弟繼統卒。撫養諸侄成立。內行純備。恂恂樸訥焉。

劉孝識本邑北園劉發貴之養子。父早卒。家亦貧。傭工事母唐氏。以孝聞。母雙目失明。孝識以舌舐之。半載復愈。母患病時。藥皆先嘗。後進。出入扶持。便溺器皆親滌。母病危。呼息已絕。孝識焚香禱天。願減己算以益母壽。其母果甦。後母至八十四歲病復作。醫藥罔效。數月母卒。哀痛欲絕。營葬大畢。廬墓期年。清光緒八年。文武兩庠聞於上。奉旨崇祀鄉文廟孝子祠。

以上採自陳子貞稿

湯桂馨。城內貴字街口人。清歲貢生。足微疾。咸豐末年因亂。岑毓英率兵圍城。有一夕胞兄湯桂森領孩徑到營家住破房內解便。哭有數兵拿木枋一足。放在門外。冤誣桂森盜拆民房。將伊曳入公衙。黑捍數日並不審訊。即綑綁拖出。聲言要殺。桂馨聞之。慌忙跑到撲兄身上。口稱兄是長子。且有幼侄。我甘願抵殺。此時岑帥聞之。即命暫緩。後詰人訴明。實情。令受罰銀百兩了息。弟兄均免殺。隨即變賣家具繳清罰款。迭遊鄉里訓蒙餬口。後胞侄湯廷昌亦成歲貢生。至光緒四年正月郡守陳聞得此情。隨即札飭學教云。南寧縣歲貢生湯桂馨有以身代兄一節。可謂鄉黨稱弟也。着自今月起給與貢乙卷膏伙一份。每月銀六兩。免考甄別。以資養膳。為南人弟者勸。又至光緒十餘年知府全懋绩任内每月加恩一两。至寿终始止。

尹克前，南城东村人。哲龄失怙恃。性孝友。依寡祖母抚持。回乱从戎。乱平解甲归侍祖母。出入必挈它，苟不遗。且好施济。抚子师吉入庠。清光绪十六年王背学院题额曰。望重枌榆。

荀毓文 号蔚山，城内人。十二岁失怙。祖母与母与嫂三世孀嫠。抚继年稚。室如悬磬。日则小本营生。夜则诵读不辍。入庠后藉资舌耕。仰以俯畜。抚孙继祖植成立。宣统己酉职员，省议会议员。毓文年七十一岁寿终。

唐守谦，邑贡生。父琦卒于官。谦笃于孝。寡母抚仲弟守讷游庠食饩。季弟守渠登贤书。任湖南辰溪县。到任数月。弟殁囊橐皆空。守谨扶柩同籍。徒步往返。足繭決裂。其友于如此。後業醫。凡遇貧病求治者。藥不取貲。並給引藥錢。數次亦不憚煩。必俟病痊始止。活人無算。

何其盛，越州人。性孝友。孺慕終身。雙親寢病。多數年侍奉不倦。必得親心始安。兄弟析居。提口糧田養親。其盛獨不受口糧產。隻身担任供奉。較之流俗之彼此推諉者已高一等矣。

劉光宇　字玉堂。郡庠生。膺舉鄉飲介賓。邑人。幼失怙。事寡母克盡孝道。出入必稟。終身如一。行止亦莊。嚴肅不苟。居母喪素食三載。不坐高椅。不臥高榻。學問純正。文理清通。舌耕至七十餘歲。學生成就者頗多。人咸欽之。

潘　華字文軒。横大路人。清附貢生。性純孝。四齡失怙。家貧寡。母畏難輟讀。常跪泣母前懇送入塾讀書。母勉允之。往戚友家偶得食物必懷歸奉。母及入學後。舌耕別堡。必定省問視畢始赴塾。供職。清光緒十一年。母染疾。侍奉湯藥數月。疾重时刲右股進之。疾遂癒。越年始卒。宗族稱孝。人無間言。

唐允中　西區蘇茂沖人。回亂從軍。有男略。擢保五品軍功。平定以後。歸田務農。一日聞人言有搞毀東山奇路南義莊碑記。欲變賣此坎叉坎之說。允中單身於光緒十三年挺身赴澂江府控訴未決。復又上訴於督撫各衙門。至光緒十八年始爭回。永垂定案。至今此庄之祖。內利李族之孝孫。外助出諸路南之義費。唐都督公之義舉。可謂不沒。亦得允中之力爭。保存一線之延。幸未失於他縣之手。

趙樾　城內人。幼失恃。性克孝。入年從戎。陞至廣東虎門司令官。遵父命。劍建宣威可渡橋。使身費至萬元。知府秦樹聲爲作記。建築出諸港家屯叉支橋。邑城西關劍建叉支坊。北關劍建孝婦坊。於善則歸親之意。北關三世（榮封）坊坍塌。出資修補。民國八年。年歲荒歉。籌銀壹千餘元。購糧平糶。其他如縣城之文昌宮、關聖宮、東嶽廟、娘娘廟其受坍塌。皆捐款修葺。有好義之慨。惜殁於粵。否則地方其幸。當不止此。

朱映堂，西區觀音硐人。清貢生。於地方爭端，熱心排解。參悟經典，地方文風多賴提倡。

朱克猷，觀音硐人。性慈善。光緒元年，率衆建村北鳴鳳橋。其年傾囊建村南大橋，鄭守題曰普渡橋。其餘義舉頗多。

鄭學周，字蜜谷，邑人。謙恭明大義。職務清南甯縣署。勤慎從公。事母孝。兼習佛老學。三十喪偶，誓不續娶。其志可欽。晚年募修真峰寺、觀音硐橋，塑土木案寺佛像。施紅山寺茶水。以及施棺埋骨一切善舉。年八十餘，精神如少壯。教子教孫，勤儉敦倫。文武並進。民國十三年，縣令題給五世同堂匾額。

以上據採訪稿

清（義）

趙倫元，清武庠生。和尚穀村人。性慈善。壯時經商。有肩匠蜀王昌開同店寓號。暗藏白銀五百兩於草包中。付趙運歸。抵家清貨，陡得此銀，即時原封送還。該號重其文行。名噪一時。由此商業日見發達。樂善好施，到老不懈。如文仙橋、一品橋、白石江浮橋、石嘴山橋、瀟湘江橋、丁記橋、本村文昌宮，均首捐巨貲。提倡修建。以成其舉。又於同治十一年倡首捐貲成立同善社堂。每年總將收得穀租以之膏贍。碑存鼓樓硐。今廢。惜哉。

崔士龍，和尚小坡人。家貧，務業農商。回亂蹂躪。全家遇害。士龍被刀將兩笠砍成數塊。乃掙脫逃匿。

由此不歸。戒口茹素。樂為善舉。光緒十餘年旋梓。稍有積貲。目覩本邑讀書人少。擬召伶俐幼童。給費入塾讀書。年長失學者。出貲號給成立共書讀禮習樂。以倡文化。又創建房舍一所。以作學校校舍。現之平民學校即設於此內。奈建房之業竣而身已故。未遂所志云。

甘德馨 字馥郁。城內人。性慈善。同治光緒年間。隨時拾瘞枯骨。到老不間。其子亦傚行。

廖文彬 字賡齋。城內人。樂善好施。惜字紙。掩枯骨。茹素。悟玄。郡守謝題額。曰樂善不倦。

張 榕 字蔭南。邑人。清舉人。授彌勒縣教諭。陞開化教授。俸給所入。節衣縮食。全數寄回養親孫弟。有孫早寡。匹吾孤孫。弟先逝。孫猶子如己出。後補雲南府教諭。清光緒丙午舉行優貢職員考試。公於然請應試。數百人不取。分廳即委。為知縣長。後借舉鄉飲賓。以圖斂財。公所優任之處。惟鄙不顧焉。年五十九終於任所。一貧如洗。亦足見其廉潔云。

陳文明 字 啓亭。諸生。城内人。回亂兵燹。後投筆經商。急公好義。經借商紳金厰四次。後借文庠越購先經收花局數年。涓滴歸公。不支薪金。所收款項。培修文筆塔。新建時仙閣。不敷。建築費二百餘兩。私人捐出。以成善舉。

以上據採訪稿

崔鳳韶字雲笙清末附生邑人有至性事親以孝聞母嬰篤疾輾轉床褥乃封股以進母病得瘳晚年設館授徒門生成就者頗多云

以上據採訪稿

續修曲靖縣志稿

卷伍

第五節

文學

唐守誠字鑿丹號真峯邑人幼聰敏過人。凡經史子集。悉手抄誦習。不明其義不止也。同治庚午舉於鄉。屢試禮闈不第。大挑例選知縣。以親老就教職。歷任廣南通海訓廸士子。勤篤不倦。事父母以孝聞。事繼父母如父母。學問淹富。行亦謹厚。所著有周易淺述。詩書解。增刪五字鑑畧。萬字集雅。亦夢軒詩草八卷。光緒十四年公議崇祀鄉賢祠。

喻懷信字芳余。邑人。生而穎異。方五歲讀書即成誦。稍長一覽不忘。隨父元升官京師。庭訓嚴篤。求學不倦。以博洽聞。丙午舉順天鄉試。及丁艱旋里。閉戶讀書。鄰邑盜起。郡守賈鴻詔就而問計設方略。以功薦補知黔西州事。時城邑殘破。四郊戎伏。乃為之招流亡。練甲兵。繕城堞。始固守焉。亂定首劝農桑。民知務本。調貴州貴定。有苗匪數千盤踞。以計擒巨魁。散其黨。置書院。題曰蘭皋。學校大興。擢郎岱同知。劝民息訟。以簡率下。讀書自娛。補用知府。入覲回黔卒。年六十歲。生平書無不讀。經學類記數百家。史學尤精。為文暢曉渾成。詩字端雅。氣蓋一世。高歌興不拘手。著有人鑑四十卷。敦雅堂詩文數十卷。漱芳詞讀書辨疑古音錄八卷。咸豐二年邑令毛玉成聘修南甯縣志。地方文獻賴以不廢。

周鳳鳴邑人。忠厚質直。不屑世務。不計銖兩尺度。讀書通大義。爲文樸茂。入邑庠。屢薦未售。以貢生終。年六十五卒。

彭松齡字韻谷。江西入南甯籍。道光己酉拔貢生。吏部七品小京官。文選司。年甫弱冠。乞假親迎。世亂遂不出。益肆力於學問。善詩工書。凡天文地理遁甲陰符無不精通。好清談長飲。有晉人風。適遭回亂。岑毓英率兵攻城。松齡於中調停。人民得慶安堵。曾代岑督書院門楹聯。「授戈傳聖鐸，歌馬啓賢關」之筆是也。其餘尚多。年遠散失。所著詩文稿均被同年迤西道趙樹吉携去代刻。後即無聞。年三十九歲卒。

周衍易 字用吉。邑人。恂恂樸訥。不屑世務。性嗜學。為文暢茂渾成。善誘掖。游其門者多所成就。以貢生終。卒年六十餘歲。

以上據陳子貞稿

孫爾熾 字雲樓。辛酉拔貢。授陝西宜川知縣。在任三年。振輯飢民。及流亡失所者。謝歸舊業。然性情峭直。不能得長官歡心。以是棄去歸里。長五華府經古書院。志取公允。不徇情面。並作有愛雪雲詩集。邑中碑記。多出其手。

曹鍾英　字筱屏。城內人。清道光甲辰舉於鄉。聯英印雲胞兄。材美學富。伯仲競爽。工舉業。晚吟詠。並有二十四孝詩稿。授呈貢教諭。赴任卒於道。聯英以恩貢授雲南府教職。邑中碑記匾聯。多出其手所題書。

竇儒珍　字聘卿。竇家沖移居城內人。幼孤貧。依母舅孫錫以養以教。伊亦刻苦求學。值回亂停考。代商号運貨。旅館途次。手不釋卷。亂平開考。小試拔萃。庚午鄉試聯捷。授祿豐教諭。於經史頗有研究。文筆酣暢。兼精學算。光緒甲辰致仕。歸里。時設算學堂於書院內。出講筆算。爲萌芽於此時代。

陳安 字子貢。改會試更名雍。城中內東關人。乙亥恩科舉於鄉。授易門教諭。性沉靜嗜學。性理岐黃。頗有心得。光緒年間肄字院高劍中器重之。薦長省垣育材書院。又開辦醫學堂。著述未付印。

路安衢 字仲舒。城內人。性傲嗜學。目空一切。研究經史。寢饋不倦。深有心得。工詩賦。其科試卷。有「仙乎仙乎」之批詞。調入省垣經正書院肄業。亦錚々有聲。由恩貢中副榜。最後一科始舉於鄉。科名較晚。未北上會試。專閑。並有鄉土志三卷。有錄存遺稿散文韻文六卷。邑中碑記多出其手。年七十餘終於家。

吳樹藩 字東侯。西區三岔人。性敏好學。專精周易。有心得。小試鄉試。俱以易經見長。清光緒戊子舉於鄉。北上會試。往返俱徒行。勞累過甚。未久即歿。

王朝藩 字竹屏。北區宗家河人。天資英敏。博通經史。文筆蓬勃。詩賦亦工。丁酉選拔。丁憂未得朝考。戊子中副榜。設帳講學。門下多拔萃之材。年六十餘卒於學館。

竇維藩　字价人。儒珍長子。性渾厚勤學。幼承家教。學問淵博。左傳尤精。清光緒甲午優貢。朝考授雲南縣教諭。壬寅癸卯科舉人。日本速成師範畢業。又入北京經科大學畢業。民國十一年。任祿豐縣長。歿於任所。

孫天祜　字承芝。爾熾長子。文庠生。性聰穎。解悟敏捷。善詩工書。精岐黃。並習堪輿。診病頗驗。年七十餘終。

喻懷恭　字壽銘。邑人。道光丁未進士。授湖北建始知縣。調署鶴峰州。牧。因下堂無弊。撤職發口。行至葉爾羌。得有鄂參贊留辦奏稿三載有功。奏保遞職。奉旨允准。分發陝西試用。公無心宦途，辭官歸里。任滕峰書院山長多年。教授勤勞，造就人材不少。發口時沿途並有詩稿甚多。竟存一卷，散失亦不知凡幾。分別採入藝文類。年七十五終於書院。

湯祖珍 字純夫，邑人。考取己酉職員。充省垣測量局教官。性情豁達，文理清暢。研究古文詞，喜吟詠，書法亦工。多為人作壽序碑銘。已選入藝文類。年五十餘終于家。

增

張燦 字炳若。清歲貢。家貧苦學。研究史學。於歷代史多能記憶。不善治生。年七十壽終於家。

荀祖植字徑安，本城人。清末己酉職員。性敏好學。文字深刻。曾一度任省議會議員。年五十壽終。

李占魁字庚南，清恩貢生。識篤好學。文字清真。一生致力于教育。多有成就。喜詩酒。遺稿有梅坡詩稿。干支集聯。完成縣志稿。年七十四，夫婦均無疾終。

第六節

隱逸

清

湯開甲，字鼎臣。又集義。戊辰鄉試第一。大挑降補訓導。晋陞麗江教授。勤訓諸生。善誘掖。勸勉出衆。開甲邑貢生。性嗜學。習舉業廿年。屢試不售。考究經史有得。乃追求古訓先儒語錄。平居不妄語。容常整肅。事親謹嚴。居喪盡禮。與人交接。雖童子必恭敬。善接引後學。治家以慈。尊卑靄然。家畜一貓。恒卧犬腹下。此和氣之徵也。兵亂歲凶。窮不舉火。晏如也。年六十餘卒。方其為學也。值聖道之榛莽無師友之淵源。晚年進脩。未造至極。孔子曰。不踐跡。亦不入於室。君子惜之。

李載榮

字華山。邑人。隨祖入塾讀書。數年祖逝。家貧。牽車牛遠販貿。事繼母克孝。自悔學淺。力拚子侄求學。時適回亂。流離轉徙。及兵燹平靖。刻即聘請教師。設立學校。學費獨身担負。後因覩子孫遊庠食餼多人。晚年持齋樂善。施貧濟窮。不務虛名。不苟取與。年八十餘終。

以上據陳子貞稿

王有新

字德明。錢官廠人。性慈善。讀書無多。人有急難。竭力營救。施濟貧乏。強變賣產物。必拔其困。光緒十六年膺鄉飲衆賓。賜額曰。望重耆英。

沈三洲 字達九。西區人。性謹厚。屢試不售。執務地方公務多年。人民服其公允。贈額曰年高德劭。

李三陽 字泰來。小坡人。識字無多。家貧好善。各處募資修築北區太和村東首要路二次及其他各處要道。不畏艱難。亦利行人。碑記現存。

附記——謹案自清咸豐六年丙辰兵亂。停考七屆。迄同治九年庚午遞補以前歲科試及鄉試。人材後先挹望。教育名宿亦負承先啓後之勞。特訪記如左。

鄭蘭—清貢生。赤埧人。品端字博。教学卅餘年。成就人材頗多。

徐肇新 字維周。西區徐家沖人。清光緒七年恩貢。家貧嗜学。教学营生。文展筆拓。成就学生亦多。

劉光宇 事詳孝友類

蕭國賓 字用舟。晏安公廟人。清優廪生。寬厚勤学。終身教学。文華洋成。訓誨懇懇。從游者衆。成就人材不少。年六十餘終。

劉光耀 字明遠。一字現龍。北區柳家埧人。性豁達。負耒横經。亂平始入庠。聯食庠餼。設帳於家。從游濟濟。文筆清靈。成就者衆。程值貢之年逝世。年近六十。

孫爾富 字玉堂。性端方。家貧以舌耕顧家用。文筆整飭。誘掖多方。教規嚴肅。門牆廣大。八屬生童。從游甚衆。壽六十餘終。

郭彭齡 字壽亭。郭家圩移居城內人。天資樸厚。遊庠後舌耕營生。教授殷勤。從學甚衆。成就人材亦多。年七十餘終。

唐根 字應培。清光緒歲貢。亦書香家。性孝友。學而謹恭。訓蒙營生。工書法。教誨不倦。地方碑墓多係手書。成就人材亦多。如朱蘭李芳先皆是。年七十九終。

湯智臨 字若愚。清歲貢。性敏睿。文筆清利。教授亦嚴。年七十餘終。

朱光璠 字寶山。北區長河圩人。歲貢。性耿直。文筆清暢。爲書院掌長。從游甚多成就人材。

蕭聯棻 字香谷。晏公廟人。清恩貢。性質英銳。文筆流利。栽育人材亦多成就。

荀毓文 另詳孝友

王宗澤 字潤之。橋頭人。清歲貢。家道赤貧。終身舌耕。栽培不倦。成就不少。

第七章 人物下

第一節 列女

貞烈

清（咸豐以後）

劉烈女城內人。幼字文生鄭庭章。庭章病故。女聞訃閉戶自縊。其母得知。救以得免。至夜投井死。時年甫十五歲。郡守賈鐸題額曰井烱彰烈。

張蘭兒城內人。選拔鄭翊辰次女。年十五字霑益婁家山設敘從九職銜。婁汝瓏。汝瓏隨父婁鍾任四川太平縣知縣。在署病故。咸豐六年三月十四日女聞耗。刎頸投繯以殉。時值督學按臨。曲靖人士聯名請旌。

賜額曰。貞垂彤史。並悼以詩（藝文已載）光緒六年御史戎璡聞於朝。奉旨旌表。

張玉珍監生時秉忠女也。幼字姜維垣。年十六歲維垣卒。父母秘之。家人偶爾道及。女悲號欲絕者數次。至夜出入不意。飲酖死。光緒七年旌表。

竇鳳英幼字蔡海。年將十六海卒。女聞耗号慟不欲生。是夜飲酖死。欽差時聞之題給匾額曰貞烈可風。

王秀李家台子人。幼嫻閨訓。未字時值兵變。賊窺女豔。聲言劫擄。女誓不從。賊竟自縊死。

田烈女有志長女也。邑人。年十四歲尚未字。因避亂遇賊。懼不免。即投水死。

何烈女邑人。幼字周秉儀。不幸秉儀卒。訃至。女歎曰。女子之義。從一不二。遂投繯死。

王烈女饅頭山人。幼字時長興。興遠游日久。不知所之。時值回乱。賊驟至。女出避。賊見而趕追。將及女。即投河死。時年二十八歲。

田春鳳亮子屯人。年十五未字。因兵乱被賊所擄。女誘賊他顧。即投河死。

顧烈女邑人。幼字李姓。及夫卒。女聞之即仰藥死。

劉玉秀劉純女也。字錢姓。及笄將于歸。匪徒見豔羨之。聚眾搶奪。匪入門傷其母。陳氏女聞乃急。自樓窗躍下。折右股。匍匐投水死。

雷秀英貞女。雷家庄人。字城内時錦標。年十七來嬪錦標被商侶謀殺。女聞耗泣告父母過門守節。替夫雪冤。家貧甚。紡織養姑。郡守陳夔月給銀米旌之。知州李應庚捐俸置田二畝以旌之。邑人楊祖德贈田二畝以資養贍。梁學院題給額曰「節矢冰清。」光緒十一年奉旨旌表。年七十六歲無疾而終。

方貞女南關方明之女。幼字鄰村盧連呸。年十六連因病歿。聞訃。女奔哭奠。父母勸令歸。女曰。已入盧門。生死以之。父母知其志不可奪。遂聽之。觀察賈鐸。知府周範旌以額曰「松操竹節」。知州李應庚撥給養贍田二畝。

田貞女亮子屯田有智季女。年十七未字。咸豐壬戌年回匪犯境。女懼污。自投河死。

史美玉 本城北街史祥麟女。性孝道。年方十歲生母病。女割股以進。母卒。父患困疾。医治數月无效。女又割股以進。父因漸愈。事继母能尽孝。常受痛責。對父不形其苦。年十八歲染疾而殤。戚友為之建石以表其孝。

何玉專 係城東村何永清次女。幼字雅戶村周姓子。年十七聞夫卒。女即服毒死。道光十七年。督學李題给烈女可風。

徐文氏 城内人。夫病篤。謂氏曰。我死汝可另適人。妻不應。徐死氏殉。

戴朱氏 城内戴清之妻。夫故氏殉。清光緒丁酉年總督岑毓英旌以額曰「義不獨生。」

張貞女乃花桐武生吳鳴鵬女。幼字時姜炳甲。未娶姜病故。女聞耗即殉。時年十四歲。

徐葉氏娶未週年。夫故氏殉。

陳張氏係曲協尋騎兵陳彩霞之妻。夫從軍出師貴州陣亡。同伍囊其骨歸。氏瀝血驗之果然。乃刻木納骨。以瘞。事畢氏殉。

方楊氏乃城內方晴之妻。夫歿氏欲殉。因戚知有遺腹。力勸止之。誕子未彌月而殀。氏慟哭墓前歸即仰藥以殉。清咸豐五年。知縣周旌額曰「巾幗完人。」以表其烈。

馬聯陞妻孫氏城內人。馬任曲尋協職。歿氏自縊。

佑娶入門。户即欲縊。親戚勸曰。女一人死。禍及九族。氏遂勉從。及馬陷刑。氏痛哭不已。親視含殮已畢。即投署內梨樹廳前池中。家人救出。復飲酖以殉。時同治甲子年十月十四日。氏時年二十歲。

劉素蘭　城內劉名卿女。幼字其姑母之三子劉廷興。未娶廷興病故。女年十七聞耗。當即投水飲酖。均為家人救出。女泣曰。既不獲死。宜過門孝事翁（孀）姑。姑生吾生。姑死吾死。可耳。父母知其志不可奪。許之。及過門後事姑克孝。民國甲寅歲姑年七十有六病歿。氏親視殮葬畢。始飲酖以殉。時年四十有三歲。

烈婦

唐綬妻竇氏城内人。道光二十二年。綬以軍功把總出師永昌病故。氏聞訃至。勺飲不入。自縊死。年廿九歲。此咸豐十九年正月以後聞於朝。光緒八年十月十日奉旨旌表。

葉氏城内人。國相三女。歸徐慶垚為妻。扇垚卒。棺殮盡禮。極力營葬。遂欲捐生。家人羅守。葉詳示從容。守視稍懈。即仰藥死。年二十二歲。紳士題額曰。義重泰山。

孫柏妻丁氏。丁潘圩人。柏幼患足疾。飲食藥餌。氏竭力侍奉十餘年無倦容。及柏卒殮葬如禮。慟毀欲絕。親族屢加勸導。强容以慰。防範偶懈。氏飲藥死。年廿七歲。光緒六年旌。

葉　氏國楨次女。歸吐純。年三十純卒。氏思煢煢孤苦。無以爲生。營葬甫畢。即飲藥死。

趙　元妻黃氏。城南某村人。舅姑早喪。事兄嫂如父母。夫卒氏年二十。六兄劝令改適。胞弟。氏不從。家內前有一僕。甚黠慧。兄商之歸。欲以氏贅之。及期前一日始告其故。氏聞知。是夜飲酖卒。

路　紹昌妻。倪氏。年廿六故。氏嘗仰欲殉。家人防守甚嚴。延至次年。竟自刎。

方　瓊妻楊氏。城內人。年二十餘。瓊卒。氏營葬畢。即飲藥死。邑令毛題給額曰。「節義可風」

庠生楊連上妻毛氏。呂安家屯人。年廿七連上病故氏痛絶於丹。營葬既畢。即飲藥死。紳士贈額曰。義凛秋霜」

鄭懷仁妻許氏。邑人。咸豐十一年為賊所掠。氏急投水死。

任君安妻何氏。邑人。年二十四夫故。營葬畢。即自縊死殉。

張宜昌妻吳氏。邑人。年二十六歲。夫與賊戰歿。氏即飲毒死。

解履恒妻陳氏。年二十夫卒。屢自經。俱救免。貞堅金石。奈貧無以為生。夙夜紡績。針黹自給。強忍凍餒。終日心無怨戚。如是者十數年。忽有本族無賴之徒。逼以再醮。氏聞急投水。戚黨速救未絶。猶服毒死。

吳泰昌妻邓氏。年二十七夫卒。柏舟自誓。夫兄勸迺嫁。氏不從。會有南城村人齊開祥請媒來聘。夫兄利其貲。知氏之志不可驟奪。乃紿以他出。舁至開祥之門。氏已識其奸謀。乃無言。至夜防守稍疏。乃急投繯死。鳴於官。開祥遠颺。治其夫兄如法。詳請於朝。奉旨旌表

許元齡妻吳氏。潦滸石人。二十七歲夫亡。氏即殉節。光緒二十七年。奉旨旌表。

倪登科妻路氏。年二十夫故。即欲殉節。家人防守甚嚴。未果。延至次年。竟自縊。

彭世城妻吳氏。夫任廣東華平秭區長。粵亂夫

亡。氏聞耗踴泣。七晝夜。投瀟湘江死。

張居廣妻范氏。遇賊投水死。

張秉乾妻李氏。邑人。遇賊投水死。

庠生董子孚妻朱氏。夫卒氏年二十四歲。棺殮畢。即仰藥死。郡守周給額曰「節烈可風」。

節孝

清

馮希葵妻錢氏。潦滸石人。乾隆四十一年夫故。氏年二十七歲。紡績度日。心如古井。未卒前八載。眼見玄孫。五世一堂。道光十五年。督學李題額旌之。

楊易升妻劉氏。潦滸石人。嘉慶十八年夫卒。氏年二十九歲。上無翁姑。中鮮伯叔。茹苦含辛。撫二子成立。道光十五年。督學李題額旌之。

唐執中妻哈氏。滄溪石人。乾隆丙子年夫故。氏年二十二歲。生子甫半歲。守節撫孤以終其身。督學李旌其門曰苦貞詒謀。

上係清乾隆嘉慶間事。特此補遺。

甘慕棠妻陶氏。宣威陶晋女。年廿八夫故遺子作霖。氏柏舟自誓。義方訓孤。守節三十五年卒。

陳鴻烈妻。乃武舉吳文炳女。性淑慎。不苟言笑。于歸後克盡婦道。夫卒。氏年廿四歲。子方數月。誓不欲生。投繯者數。姑諭之曰。汝不聞泰山鴻毛之訓乎。姑老子幼。汝安有死所。氏瞿然悟。

時始己六十患足疾。凡飲食便溺。皆氏任之。無倦色者廿年。至老不踰中門。親族罕得見面。迨孫子入泮。始歎曰。吾事畢矣。未幾卒年五十九。以節聞於朝。已奉旌表。

楊

名妻范氏邑人。年二十九夫故。遺二子俱幼。氏苦志守節。撫子成立。卒年五十有四。

庠生陳策遜妻路氏。邑人。年三十夫卒。氏以翁姑極孝。訓次子有泰同治庚午領鄉薦。歷任建水、永善、呈貢、教諭。年八十卒。學院楊式穀題額曰。「勁節貞心」

庠生湯開勳妻鄭氏。千總鄭敏女也。年二十夫故無子。繼姪為嗣。教誨成立。守節二十四年卒。

崔廷鏊妻李氏。邑人。年二十八夫卒。無子。繼姪為嗣。氏慈嚴適當。撫以成立。卒年八十二歲。

庠生時芳年妻。莊錫女也。年二十六夫故。子亦繼亡。上有衰姑。氏勤以奉之。以姪承嗣。課之成名。守節四十四年終。

孫官妻（妾）鄭氏。年二十八夫故。撫（嫡）子繼與繼統如己子。恩義兼至。老而彌篤。卒年八十有六。

庠生時效忠妻車氏。年二十五夫故。遺子字渠。時翁姑垂暮。家貧。氏勤女紅。敦孝敬。訓字渠成優進士。守節五十六年。同治十年旌。

孫重祿妻徐氏。年二十夫故。遺一子尚在襁褓。氏守節撫孤。卒年七十有四。

庠生唐　繹妻湯氏。邑人湯秉義女也。年二十五夫卒。遺一子。痛不欲生。緣孤子尚穉。含悲飲泣。撫之成立。年七十六卒。

進士喻懷仁妻陳氏。年二十夫卒。無子。氏矢志靡他。撫夫弟懷信子嘉行為嗣。足不出戶庭者多年。癸酉嘉行舉於鄉。守節四十年卒。

荀唐氏係本城舉人守誠長女。歸庠生荀森年二十三夫疾篤。氏封股以進。竟不起。氏矢志守節。事姑克孝。姑病。復封股以進。病遂瘥。而子幼家貧。嚴裁訓以課字業。勤女紅以供膏火。二子誦先、誦芬均游泮。不幸相繼逝。又撫孫毓麟、毓文成名。毓麟復殞。更撫曾孫祖楨游庠食餼。日夜紡績以維家政。年七十三卒。光緒八年奉旨旌表節孝。

劉瞪妻胡氏。年二十七夫故。家赤貧。紡績苦守。撫子成立。子殁復撫孫。堅貞之操。久而彌篤。守節四十四年。光緒八年旌。

陳榮玉妻潘氏。陳家坪人。年二十六夫卒。遺二子。氏紡績撫育。守節五十一年。光緒九年旌。

庠生陳書秀妻鮑氏。爲鄉女也。年二十九夫卒。遺子二。氏矢志守節。長子成丁。次子入津。年四十卒。

鮑作霖妻。雷益時選庠女。年二十九夫卒。遺子三氏篤志守節。勤耕苦績。訓子有方。守節十七年卒。

羅香妻彭氏。城內人。夫故年二十六。上無翁姑。下無子息。氏本欲殉節。以遂從一之志。家人注意防守。良言劝解。得以不死。守節十二年卒。

段成錦妻曹氏。徽登村人。年二十五夫卒。遺子如金。氏苦志守節。上孝翁姑。撫孤子成名。年六十六歲卒。

戴先妻田氏。亮子屯人。夫卒年二十三。氏苦志守節。煢煢孑立。形影相弔。年六十一卒。

丁椅妻錢氏。錢家坡人。年三十夫卒。氏勤績苦守。撫養良四子俱成立。年五十二卒。

庠生劉应元妻竇氏。夫故年二十九。遺子安邦、安國。氏孝姑訓子。皆以武略顯。年五十八卒。

尹秀妻顧氏。邑人。年二十六夫卒。遺子一。氏茹冰飲沄。子殁又撫孫成立。守節六十四年卒。

王登龍妻施氏邑人。年二十六夫卒。氏堅貞苦守。撫子成立。守節二十八年卒。

張廷芳妻何氏晏公庙人。年二十九夫故。氏矢志靡他。義方教子。守節五十三年卒。

張琅妻尹氏邑人。年二十二夫卒。守節四十五年終。

續修曲靖縣志稿

卷陸

黄純妻林氏。周家儆人。年二十二夫卒。氏苦志勤績。孝翁姑。撫弱子。守節五十二年卒。

田際春妻賈氏。新發村人。年二十夫卒。氏矢志苦守。孝姑撫子。守節四十二年卒。

費廣義妻坫氏。橋頭人。夫卒年二十五歲。家貧。氏苦守撫子。子殁撫孫。孫殁遺曾孫繼殤。氏悲憤以卒。守節六十五年。

何優清妻李氏。邑人。年二十二夫卒。守節四十年卒。

蔣盛之妻王氏。邑人。年二十九夫卒。氏持志守節。撫子成立。子亡復撫孤孫入庠。守節五十四年。光緒九年旌。

庠生喻元善繼室時氏。靳家山人。年二十二夫故。氏堅貞苦守。慈撫前子如己子。守節四十五年。光緒九年旌。

車學程妻宋氏。邑人。年二十八夫卒。遺一子。家道亦貧。紡績度日。堅貞苦守。撫孤成立。守節四十八年卒。

陳士科妻李氏。邑人。夫故年二十九。氏矢志撫孤。子亡以侄嗣。守節三十餘年。清光緒七年旌。

劉起旺妻魚氏。柳樹塘人。年三十夫卒。遺二子。氏矢志靡他。勤勞紡織。以翊撫孤。長次子光宇遊泮。食餼。年九十餘卒。光緒七年奉旨旌表。准其建坊入祠。

武生劉鼎元妻呼氏。邑人。年二十四夫故。氏尋死者再。防之得免。孝親撫子。守節五十年。光緒八年旌。

孫開基妻丁氏。邑人，夫卒。年二十八。氏苦志守節。事翁姑以孝。訓弱子以義。守節二十三年。清光緒八年旌。

季先春妻劉氏。晏公廟人。年二十七夫卒。家貧，孤老。氏以紡績奉之。撫子成立。守節五十年。

馮文耀妻解氏。蘇黄沖人。年二十六夫卒。氏苦守撫子。子亡撫孫。孫成立。守節五十三年。

牛氏，何旗鄉人。歸何申。年二十二夫故。勤紡績以謀生。撫子成立。守節五十餘年。

加福妻李氏。本城西門街人。年二十二夫卒。遺子爾壽。氏安貧苦守。承堂上歡。訓子游泮。守節四十餘年。學院汪旌額曰。「清標彤管」

方喜妻喻氏。城內人。年二十七夫故。氏矢志不二。孝姑撫子。守節四十五年。

何其鳳妻晏氏。許家坪人。年二十夫故。氏紡績苦守。孝姑撫子。守節四十三年。

湯開模妻周氏。南城人。年二十五夫卒。氏即欲殉。緣翁姑衰老。孤子沖幼。且家道赤貧。强延殘生。以針黹紡績。仰事俯畜。守節四十一年。

姜有成妻丁氏。寶家沖人。年三十夫卒。遺子一。家貧。氏冰霜自勵。紡績度日。守節二十年卒。

世職湯建中妻程氏。邑人。夫卒年二十七。痛欲殉節。以二子無依。含悲飲泣。針黹營生。守節三十一年卒。

易履和妻楊氏。邑人。年二十九夫卒。遺一女。奉姑訓女。艱苦備嘗。守節三十八年卒。

道文林妻丁氏。道家鄉人。年二十九夫卒。遺一子。氏篤志苦守。撫子成立。守節三十六年。

張士滕妻李氏。荷花塘人。年二十八夫卒。子亦繼逝。辛苦自誓。守節三十八年。

廩生錢懋官妻仇氏。王家堡人。年二十夫卒。氏甘貧苦守。撫子成名。守節三十七年卒。

徐應藻妻李氏。邑人。年二十七夫故。遺一子。氏松筠勵節。務蠶桑。勤女红。守節三十七年卒。

顧天富妻牛氏。西旗鄉人。年二十七夫卒。氏矢志苦守。孝姑撫子。守節三十四年。

徐廷貴妻趙氏。蒲湘村人。夫卒年二十九。遺子一。氏堅貞苦守。孝翁姑。撫幼雛。守節四十年。

營兵丁發甲妻許氏。城內人。咸豐元年發甲出師柳州陣亡。氏年二十歲。翁姑早逝。惟遺半歲幼子。氏紡績苦守。撫子成立。守節三十餘年。

徐金元妻楊氏。年二十三夫卒。氏礪節堅守。勤女紅。撫幼子。守節三十餘年。

牛官標妻徐氏。河旗鄉人。年二十四夫卒。氏矢志靡他。誓死不二。孝奉翁姑。撫子成立。守節三十八年卒。

胥佑妻戴氏。城內人。年二十四夫卒。遺子二。右谷氏含殮夫畢。即投繯。姑力救得免。孝事衰姑。訓子成名。守節三十七年卒。

余登瀛妻王氏。三百户營人。年二十九夫卒。遺子二。氏苦節自守。義方訓孤。撫次子瑾游泮。守節二十三年。

畢康氏。花栢屯人。夫名相。年二十八夫卒。氏事翁姑克孝。歷久不倦。撫二子成家。守節三十年卒。

湯閆益妻蕭氏。晏公廟人。年二十七夫故。家亦貧。氏勵節苦守。鍼黹營生。撫弱子成立。守節二十餘年卒。

陳李氏。城關庠生壽昌妻也。年二十夫卒。遺子二。值兵荒。斗米萬錢。親老子幼。家無生計。氏紡績度日。

撫子成立。守節三十六年卒。

監生向均郁妻唐氏。城内人。年二十八夫卒。遺一子繼殤。氏痛不欲生。緣姑老無依。強延餘生。克全孝養。守節二十三年卒。

呂朝清妻陳氏。邑人。年二十三夫卒。遺一子甫週歲。氏事翁姑。撫孤子。孝慈備至。守節二十三年乃卒。

易贊周妻余氏。年二十七夫故。於緬。遺幼子。氏勵志苦守。撫子成立。守節二十二年卒。

王錫山妻劉氏。花桐屯人。夫故年二十五。遺一女。氏孝事翁姑。歷久無倦。翁姑卒。殮葬盡禮。守節二十八年。

王金生妻畢氏。城內人。年十六于歸。性行淑婉。以禮自持。夫卒年二十。遺子祖德。未離襁褓。以前姑治生維艱。氏孝慈並至。百折不磨。守節二十七年。

武生高占元妻方氏。城內人。夫卒年二十四。遺子瑞昌。哀慟欲絕。幸救。親族日夜防守。得以不死。事親撫子慈。守節二十一年。

劉氏城內人。歸車助。助卒。年二十二。遺三子。家亦貧。姑老無依。氏勤女紅。養姑撫子。俱成立。守節二十四年。

葉啟妻雷氏。本城東關人。年二十八夫卒。氏矢志不二。淒苦自甘。守節二十一年。

彭世齡妻陳氏。霑益人。年二十八夫卒。家貧氏立志苦守。孝敬翁姑。守節二十四年。

增生湯克寬妻陳氏。年二十八夫故。遺子二。家極貧。氏紡績苦守。撫子成立。守節二十五年。

許順妻殷氏。潦滸石人。年二十一夫故。氏痛欲捐生。勺飲不入。以孤子無依。強延殘喘。撫之成立。守節二十五年。

鄧兆烈妻陳氏。連登圩人。年二十八夫故。遺一幼子。氏立志守節。時值兵變。有一練目欲奪之。氏急投河。賴鄉鄰救活。立即斷髮毀容。誓死不二。撫子成立。守節四十三年。七十五歲卒。

陳生妻陳氏。城內人。年二十八夫卒。遺子一。氏立志苦守。撫子成立。守節三十二年。

李芳妻阮氏本城南關人。年二十四夫卒。氏安貧苦守。百折不回。守節三十二年。

陳向杓妻陳氏邑人。年二十四夫卒。氏堅貞苦守。歷久彌篤。守節二十三年。

庠生康文英妻陳氏。城內人。夫病割股以進。竟不起。氏年二十九矢志守節。備歷艱辛。守節二十四年。

楊鍾靈妻郎氏。邑人。年二十夫卒。氏矢志靡他。守節五十餘年卒。

劉鍾銓妻李氏。年二十七夫故。守節二十九年。

庠生尹耕莘妻呂氏。邑人。年二十九夫故。遺一子。

氏冰霜自守。撫子成立。守節二十二年。

王有常妻徐氏。年二十九夫卒。氏篤志勵節。撫子成丁。守節五十年。

馮金科妻楊氏。年二十七夫故。氏矢志靡他。撫子成立。守節三十七年。

解輔國妻姚氏。邑人。年二十九夫故。親老子幼。氏事翁姑以孝。撫幼子成立。守節四十三年。

程述孔妻崔氏。城內人。年二十七夫卒。留遺子二。氏飲冰茹蘗。撫子成立。守節四十年。

湯澤霖妻李氏。邑人。年二十八夫卒。家貧。親老。子幼。苦守不改。孝義兼盡。現年六十餘歲。

楊喜妻唐氏。邑人。年二十夫故。遺一女。氏矢志不二。守節二十餘年。

姚陸氏邑人。年二十三夫卒。其夫失名氏守志撫子。學院李題額曰。「古井波澄」。

胡李氏邑人。年二十八夫故。其夫失名氏撫子成立。守節二十餘年。學院李旌額曰。「之好吾含貞。」

江源永妻姚氏。年二十九夫故。遺子名「生花」氏「撫孤入庠。守節二十餘年。學院李旌額曰。「訓子成名。」

王覲妻許氏。邑人。年二十六夫故。遺子繼殤。守節二十餘年卒。

唐賈氏邑人。年二十八夫卒夫失名遺子一。氏矢志撫子。守節二十餘年。

張登朝妻蘇氏。年二十八夫陣亡。氏持志苦守。撫子成立。守節二十餘年。

孫紹義妻雷氏。年二十二夫卒。氏痛不欲生。緣有遺腹。强延殘喘。後生子卓元。撫養成立。守節五十餘年。

楊秀元妻叶氏。邑人。年二十五夫卒。守節三十餘年。

丁文奎妻叶氏。恭家圩人。年二十九夫故。家赤貧。氏紡績苦守。撫子成立。守節四十三年。卒。

張標妻戴氏。大箐口人。年二十七夫故。遺二子。氏松筠勵節。撫子成立。守節十八年卒。

丁衛邦妻叶氏。恭家圩人。年二十八。夫卒。遺一子。

氏持志守節。撫子成立。守節十七年卒。

丁富邦妻文氏。恭家圩人。年二十八夫故。家赤貧。篤志撫子成立。守節四十七年卒。

田富春妻丁氏。亮子屯人。年二十六夫故。守節三十餘年卒。

吳李氏越州人。年二十八夫故。遺子名元文。撫之成立。守節四十年。學院旌額曰「玉潔冰清」。

武安妻左氏。邑人。年二十夫卒。遺子一。守節四十九年卒。學院吳旌額曰「輝耀彤管」。

武生李德廣妻黃氏。年二十九夫故。遺一子。氏苦守撫孤。守節三十九年卒。

曹應發妻俞氏。夫卒年二十三。遺子一。苦守十餘年卒。
黄劉氏邑人。年二十三夫卒。氏矢志靡他。撫子成名。守節二十五年。學院旌額曰「教成畫荻」。
鄭東傅妻易氏。邑人。年二十五夫卒。氏辛勤撫子。守節二十餘年。
施煜東妻趙氏。本城南關人。年二十九夫故。氏堅志苦守。撫子成名。學院汪旌額曰「節孝可風」。現年五十餘歲。
楊雷氏上坡人。年十九夫故。氏篤志苦守。現年六十餘歲。
庠生喻嘉績妻馮氏。雷益庠生時以濂女也。年二十二夫故。翁姑老邁。子女沖幼。氏篤志苦守。孝慈兼、盡。現年四十餘歲。

武 丹發妻劉氏。年二十五夫故。氏堅心苦守。事姑克孝。撫子成立。學院梁旌額曰。「慈順偕貞。」

范 胡氏邑人。年二十七夫故。遺一子。名安邦。氏苦撫成立。守節四十餘年卒。

周 自祥妻楊氏。越州東庄人。年二十七夫故。氏紡績苦守。撫子成立。守節四十餘年。

楊 茂惠妻王氏。越州人。年二十六夫故。祖老子幼。氏克孝克慈。人無間言。現年八十有六。

梅 依嶺妻丁氏。邑人。年十九夫故。氏自縊殉節。家人救免。苦守撫子。年七十有八。

梅 玉堂妻李氏。邑人。年二十五夫卒。家赤貧。時值兵殁。歲饑荒。氏日採薇蕨。夜勤紡績。養翁哺子。

翁繼歿。拮据安厝。守節三十餘年。

郭紹和妻常氏。邑人。年二十夫故。家赤貧。氏柏舟自矢。

紡績營生。年七十有二。

柴升高妻朱氏。邑人。年二十八夫故。氏矢志不移。守節

二十餘年。

庠生陳朗妻李氏。三百戶營人。年二十五夫卒。氏冰霜自

矢。守節五十餘年。

庠生王桐邑妻陳氏。邑人。年二十一夫卒。翁姑垂暮。子尚

孩提。氏孝慈備至。守節五十餘年卒。

陳元礼妻章氏。邑人。年二十七夫卒。氏備歷艱辛。撫子

成立。守節四十餘年卒。

張高國妻李氏。邑人。年二十六夫故。氏松筠勵節。撫子成立。苦守四十餘年卒。

張獻珍妻楊氏。邑人。年二十八夫卒。翁姑衰邁。孤子幼穉。氏勤勞菽水。孝親撫子。守節三十餘年卒。

張明珍妻李氏。邑人。年二十三夫故。氏維持家政。孝翁姑。慈撫孤子。守節五十餘年。學院盧旌額曰。「操凜冰霜。」

張慶奎妻黃氏。邑人。年二十九夫故。氏矢志靡他。劬勞備至。撫子成立。守節二十餘年。學院盧旌額曰。「貞同玉潔。」

陳慶雲妻林氏。邑人。年二十一夫卒。氏冰霜自凜。撫子成立。守節二十餘年。學院盧旌額曰。「節比筠堅。」

張　愷妻陳氏。邑人。年二十一夫故。矢志苦守。針黹營生。撫子成立。守節四十年卒。

王　迎恩妻孫氏。邑人。年二十五夫卒。氏清貧苦守。誓死無他。守節二十餘年。

張　壽章妻孫氏。邑人。年二十一夫卒。遺腹一子。姑衰子幼。氏奉姑嚴謹。勤女紅。撫子咸同冀入泮。守節四十餘年。

以上係陳子貞路仲舒等先遂於光緒十年編稿。茲并採入。

咸大鵬鄧氏。黄泥堡人。年二十二夫故。遺一子甫二歲。氏矢志苦守。撫子成立。年七十二卒。守節五十年。

李　君榮妻呂氏。邑人。年三十夫卒。遺三子。氏含悲飲泣。均撫之成立。年六十五歲。苦不改志。

鄭天順妻龔氏。城内人。于歸七年。生一子甫五月夫故。氏矢志靡他。撫孤成立。歿家尚昌盛。守節四十年。六十五歲。已奉旌表入祠。

許貞女名成鳳。潦浒石人。父允。贅王常甲。結婚四十日。常甲病卒。女屢欲殉節。母嚴守未遂。後有議婚者輒尋死。莫敢議。及民國十一年。年六十二歲。督軍唐繼堯旌額曰。「貞固千秋。」

李富貞潦浒石人。字佳乃旗營劉姓。尚未娶。劉子遠遊不返。年二十八雙親俱逝。富貞無依。穆伴許成鳳守貞。民國十一年。年滿六十歲。督軍唐繼堯旌額曰。「玉潔冰清。」

莊自成妻崔氏。刘家橋人。年二十一夫故。生子大文甫二歲。遺腹子大武。氏堅志苦守。撫二子成立。年七十八卒。

張伯爽妻陳氏。城内人。年二十五夫故。生子一名之銘。氏矢志靡他。守節六十餘年。八十九歲卒。光緒十六年奉旨旌表。

李貞女志貞。柳樹村人。即李培華女。秉性近佛。不染五葷。終身不偶。年週花甲。清光緒廿五年知府謝南川給与口粮。并錫匾額。以表其貞。

副將時有福妻時熊氏。太和村人。年將三十。夫出師越南陣亡。氏苦志守節。撫孤子師聖遊庠。年八十六。孙曾繁衍。孙時一行尤熱心地方公益。

何積璇妻葉氏。年二十九夫故。氏篤志苦守。撫子中孚畢業。年六十餘卒。

拔貢鄧培妻曹氏。年二十九。夫北上朝考。殁於京師。氏矢志守節。以叔弟之子承祧。守節三十一年始卒。

魏士宏妻王氏。西台上人。生子名文順。年二十七夫故。氏安貧苦守。撫子成立。子克孝。氏年七十八卒。

武庠劉應泰妻時氏。柳樹壩人。年二十夫卒。氏苦守撫子。名正渠。以至成立。年六十歲卒。守節四十年。

李玉妻巴氏。雅戶村人。年二十七夫故。氏立志守節。家貧無以爲生。紡績度日。年屆花甲。地方長官旌以額曰。玉潔冰清。年八十二卒。

庠生李佩之妻邓氏。城内人。年二十七夫故氏勤儉苦守。撫子嘉瑞游庠。孙兆芙、兆蓉均游庠。守節五十年。七十七卒。奉旨旌表。建坊於南関瀟湘橋畔。

陳文華妻羅氏。城内人。年二十夫卒。氏立志守節。已三十餘年。

繆融守妻胡氏。邑人。年二十夫故。遺一子。氏銳志苦守。撫子成立。年六十二卒。

張大鵬妻邓氏。黄泥壩人。年二十二夫故。氏勤苦不懈。守節五十年。七十二歲卒。

武陞科妻高氏。馬王圩人。年二十九夫故。氏劳瘁苦守。撫六歲孤子武廷標成立。年八十九卒。子孫繁盛。

尹秀妻顧氏。南城东村人。年二十六夫故。氏銳志苦守。撫孤子克明至四十八歲。忽子聰淮又亡。氏又撫孫光前成立。回乱從軍。投岑毓英部下。事聞於岑。旌以額曰。「惟貞故壽」。并予咨部。奉旨旌表。準予建坊入祠。守節六十三年。八十九歲終。

路自昌黄氏。南城人。年二十一夫卒。氏誓志苦守。撫孤子路開泰成立。知府陳旌以額曰。「巾幗完人」。守節五十四載。七十五卒。

李標妻吳氏。南城人。年二十六夫卒。氏矢志苦守。孝敬翁姑。撫子成立。清道光十五年。學院李旌額曰。「矢志冰霜」。守節四十二年卒。

田維新之母戴氏，亮子屯人。年三十四歲夫卒。氏苦守撫孤。清光緒二十一年，學院高旌以額曰：「矢志撫孤。」守節三十九年，七十三歲卒。

顧天富之妻牛氏，南城人。年二十三夫卒。氏茹素奉佛，立志撫孤。同治六年，學院梁旌以額曰：「節勵冰清。」光緒十六年，三院會咨請旌。奉旨請旌入祠。守節六十三載，歿年八十五歲。

許家和妻蔡氏，亮子屯人。年三十夫卒。氏志凜冰霜，撫子游庠。清光緒十七年，學院王旌以額曰：「汝南懿範。」守節四十二年，七十二歲歿。

周文誥妻牛氏，南城西村人。年二十六夫故。氏矢志靡他，苦守撫孤子周毅然成立。清光緒元年學院李旌額曰「古瑟冰絃」。守節五十七載，八十三歲卒。

田有智妻張氏，亮子屯人。年二十七夫卒。氏甘孀居，孝親撫孤。光緒七年學院盧旌額曰「古井波澄」。守節五十六年，八十三歲卒。

田家元妻時氏，亮子屯人。年二十五夫故。氏勤勞孀守，撫孤子田光爍興家立業。氏歿十五年，孫長毅錫額曰「節凜冰霜」。守節三十六年，六十一歲卒。

田天爵妻陳氏，亮子屯人。年二十八夫故。氏劬勞苦守，孝親撫子。守節四十五年。清道光十七年學院李旌額曰「苦節宜年」。

李天植妻葉氏，新興村人。年二十四夫卒。氏茹苦含辛撫子超群成立。眼見孫曾榮顯。守節五十六年。八十歲歿。

金安瀾妻李氏。城內人。年二十夫故。氏誓志苦守。撫孤子作霖作賓成名。光緒十一年奉旌表。七十三卒。守節四十三年。

庠生孫天瑞妻焦氏。城內人。年二十五夫故。遺子名坊二歲未滿。氏柏舟誓志。畫荻教子。游泮。守節二十八年。五十二卒。已經旌表。

錢相廷妻胡氏。小南關人。年二十九夫故。遺子三。氏茹蘗飲冰。撫子成立。守節五十四年。八十三歲卒。光緒十四年請旌。經建坊入祠。

王自武妻戴氏。柳家填人。年二十夫故。氏立志苦守撫子成立。光緒十年學院丁給額曰「節懍冰霜」。
守節四十三年。七十八歲卒。

魏正奎妻劉氏。柳家壩人。年二十四夫故。氏苦守孀居。撫子成立。八十二卒。

鄧陸氏乃豐登圩人。武庠邓嘉貴之祖母。年二十九夫卒。氏冰霜自懍。撫子興家。年八十五卒。
守節五十三年。

張華標妻黎氏。小雞街人。年三十夫故。氏立志苦守。孝敬翁姑。撫子成立。八十二歲卒。

畢有申妻劉氏。陳官營人。年二十七夫故。氏立志苦守。學院汪給額旌之。

姚滿齡妻郝氏。王家堡人。年二十五夫故。氏誓

志苦守。撫子成立。清光緒元年學院李旌以

額曰。節勁金石。」

郎耀辰妻孫氏。城內人。年二十七夫故。氏堅志苦守。日夜紡績。鍼黹度生。上事衰姑。下撫孤子游泮。卒年七十有六。清光緒十五年。奉旨旌表。

民國十二年大總統旌以額曰。貞操義行。」

時貞女幼配城內魏勛。尚未于歸。勛赴元江病故。女遂過門守志。五十餘歲卒。

時緩章妻孫氏。城內人。年二十二夫故。氏苦守撫孤。卒年七十又三歲。

進士孫念曾妻苟氏。城內人。念曾成同治甲戌進士。候補江蘇知縣。氏年二十三。光緒庚寅念曾卒程宜陵氏矢志苦守。卒年七十又三。

念曾又娶江蘇華亭徐氏為妾。生子名桂林。夫故氏年二十六。扶柩携孤回籍。撫子游泮食餼。年四十八歲卒。

王雲恩妻孫氏。城內人。年二十四夫故。氏矢志撫孤。苦守以終。

孫天保妻何氏。趙州人。夫故氏與一幼女俱殉。光緒十年旌。

梁開鼎妻李氏。年二十二夫故。氏苦守撫孤。年八十餘歲卒。

高占雲妻方氏。城內人。年二十五夫故。氏茹素苦守。七十五歲卒。

劉濬妻劉氏。城內人。年二十五夫故。氏守節撫
孤。年七十六卒。
庠生陳文華妻羅氏。夫故守節三十年卒。
廩生錢啟和妻劉氏。城內人。年二十八夫故。遺腹
生一子。氏苦守撫孤。游泮。七十二歲卒。清光緒十
五年旌。
湯九妻蔡氏。城內人。開茶肆。夫婦情篤。無子。
夫歿氏殉。
蔡汝霖妻路氏。楊家營人。年三十夫故。氏苦守。撫
長子剛銓五品軍功。次剛錄。三剛賢。均游庠。
光緒七年。學院盧給額曰。畫荻流芳。」
畢光煜妻雷氏。陳家營人。年二十七夫故。氏矢志

守節。光緒十年學院丁給額曰「巾幗完人」。

蔣懷德妻畢氏。小沖人。年二十三夫故。氏苦守撫孤。知府謝給額曰「矢志冰霜」。

劉助昌妻李氏。橫大路人。年二十四夫故。氏苦守針黹。撫幼子成立。入民國後邑諸紳知事給額曰「節凜冰霜」。年八十六卒。

增生段御曾妻顏氏。越州人。年三十夫故。氏苦守。撫幼子成人。守節四十二年。

庠生何丹恒妻包氏。越州人。年二十九夫故。氏苦守撫子積琳積珊成立。民國雲南省長唐繼堯旌額曰「志潔行芳」。

武丹岐妻范氏。依廉堡人。年二十四夫故。氏守節撫孤。成人。民國十八年雲南省政府主席龍旌額曰。志潔行芳。」

晉明妻徐氏。本城南門街人。年二十七夫故。氏苦守。以紡績撫養子女成人。年八十七卒。守節四十五年。

拔貢董晉廉妻楊氏。城內人。楊濟川之三女。幼嫻母教。年二十四夫故無子。氏矢志靡他。紡織度日。年六十八歲。守節四十四年。呈奉准入祠。

曹貴生妻晏氏。田家堡人。年二十九夫故。氏矢志守節。四十一年。光緒七年學盧旌額曰。「節壽同欽。」

雷連陞妻范氏。田家堡人。年二十七夫故。孝教撫孤。守節三十八年。

晏發榮妻陳氏。田家堡人。年二十五夫故。氏撫子成名。守節四十三年。

趙映南妻丁氏。陸家山人。年三十亡故。氏苦守三十七年。

牛振新妻曹氏。河旗鄉人。年二十六亡故。苦教子有方。守節四十三年。

何朝陞妻牛氏。河旗鄉人。年三十亡故。氏守節五十年。光緒年奉旨旌表。賜銀三十兩。准其建坊入祠。

李朝清陳氏。河旗鄉人。年二十六亡故。氏守節三十年。奉旨旌表。

牛官標妻徐氏。河旗鄉人。年二十四亡故。氏守節三十八年。清光緒年奉旨旌表。賜銀建坊。

解東權妻洪氏。蘇黄冲人。年二十五夫故。撫子映斗成立。苦守四十二年。

王繼禹妻解氏。麻黄冲人。年二十五夫故。氏苦守四十年。撫子國屏成立。

鄭彝榮妻馮氏。麻黄冲人。年二十七夫故。氏苦守五十一年。撫子成立。

副將李廷標妻丁氏。李家圩人。年二十三夫出師館驛陣亡。遺二子。氏苦守撫孤。長子國治襲職。清任廣西右江總兵鎮。民國三年改任廣東潮循道尹。次子國選任出席和議。以會議長。氏年六十七終。守節四十四年。

增生郭之屏妻。陸氏。城內人。于歸七月夫病故。[illegible]

出。氏柏舟自矢守節三十四年。

陳崑妻姜氏。城內人。年二十五夫經商病故。遺一子一女。氏冰霜勵志。依叔翁度日。撫子女成立。眼見孫孫。守節四十五年。七十餘卒。

胥占元妻馮氏。邑人。年二十三夫出師柳州病故。氏苦守紡織。撫週歲孤子胥文英。中學畢業。氏年五十三。守節三十年。

楊易氏。邑人。易履福之女。履福無子。以女贅馬龍文生楊春山為嗣。氏年二十八夫病故。氏苦守。撫一女成立。年五十三。守節已近三十年。

方貞女。邑人。幼字三岔廖姓。未合巹夫故。女誓不再配。未幾雙親俱逝。無所歸依。乃依堂兄方

有功苦守度日。知府謝南川每月給口粮銀弍
兩。不數月年女病故。

峰人吳樹藩妻王氏。三家人。年二十二夫故。守節三
十餘年卒。

解范氏三家解止乾妻。年二十三歲夫故。氏守節三
十四年。

徐崔氏三家徐本英妻。年三十夫卒。氏守节三
十餘年。

解莫氏三家解履壽妻。年二十六夫卒。氏守節
三十二年。

湯建中次兒聰孫氏。係本城孫雨亭女。年二十七夫故。
氏守節孝事孀姑。及夫姑病危。兩次刲股療癒。

撫子成立。守節四十三年卒。子孫興盛。

張貞女，本城东门街人。年十八，字魏姓。未合巹，夫故。女情願適魏门守節，孝姑。及姑殁，喪葬盡礼。年六十餘卒。

包劉氏，係介賓包家祥母，东屋槻槽埧人。年二十九夫故。氏孀守撫子。清光绪年，学院王旌額曰「訓子成名」。

包楊氏，槻草埧人，乃包调元之母。年二十六夫故。家貧苦守。鄉里咸欽。年六十一歲。

包建邦妻趙氏，槻草埧人。年二十二夫故。家貧，氏茹素苦守，規行矩步。年六十餘。

賈王氏，东屋賈家营人，賈忠全之母。年二十一喪夫氏守節撫孤，學院田旌額曰：「節孝流芳。」

馮唐氏，東莊宋家營唐禮之母。年二十三夫故。氏守節，撫子游庠。鄉鄰請頒額曰：「徽音克嗣。」

趙余氏，跳穀村趙紹先之妻。年二十二夫故。氏立志守節，撫二孤子。當夫病篤時，割股以進。守節四十四年。民國四年，縣知事旌以「松筠勵節。」

姚相虞妻傅氏，王家堡人。年二十六夫故。氏立志苦守。已五十餘歲。

姚呼氏，軒家山人，姚法昌之妻。年二十八法昌病故。氏柏舟自矢。已六十四歲。

呼振興妻何氏，南城人。年二十六夫故。氏耕織苦守。撫子連陞，連級成立。年六十六卒。守節四十年。

史必寬妻陸氏。本城北街人。生子一名忠。氏年十九夫故。氏矢志靡他。苦守撫孤成立。繼承先人世襲武職。

以上係採訪所得

續修曲靖縣志稿

卷柒

22982

第二節　流寓

鄭子輝　天順八年來曲設館時。邑之鄉賢晚濂年方十八。往受業焉。所著勉學說、勉學詩、確然先正典型。足為後人楷模。

朱化學　進士。官行司行人。萬歷乙未與弟鳳城僑寓越州。公六常與越州人士論文講學遊覽登眺。

採越州志補遺

第三節

仙釋 方技附

清

茅伯陽，邑中羽士。洪武間建北閣三清殿、玉皇閣、真武觀、好善不倦。行止合道。御史范珠爲之記。張瀛書丹。

悟昇，建華嚴寺。慧性開朗，談言中道。邑人咸服其道行焉。

圓淨，釋子，号素陽。俗姓顏，名廷麒，号柳江。天啟元年築太和菴於烏龍村之半山。陝西制軍傅忠壯公曾爲之記。

閻合真，羽士。住潦滸石龍鳳山。法嘉慶三十年建寶珠寺。宝殿巋然。長廊低亞。四面松柏皆經手植。土木丹青之費。半出於阿堵中。半由遠山募化。迄今稱為越州勝境。

以上拓搜越州古志

照鶴字韻松。別号雲岩。曲靖甘氏子。幼多病歸宣威东山寺僧溥閏。甚愛之。聘原任陝泉知縣吳承伯課讀久之。博通古今。善詩工書。尤精鐵筆。丹青一門。蘭菊最擅時譽。朱孝廉光鼎稱為虬施作態栩栩欲活。得者珍如拱璧。及長潛心內典。力培佛殿。山腰之普陀岩。鑿幽縋險。築成特別邃閣。晚号东極老人。手植松柏樓台。示寂時得一文石現蘭菊形。

形狀用作壽塔。為宣邑寺冠。迄今遊人韻士罔不稱其以萃畢生之力。成此勝境焉。

廣識號心齋。住朗月山。苦行日久。藏書甚多。兵燹被燬。書法亦佳。現有數款存留寺中。

普修住朗月山。道行清高。民國初年重建本山白龍菴。

附方技

清

胡官禮邑人。善星卜。推步多驗。有知府某將入覲。就決休咎。筮一定。驚曰大凶。勸令預防。弗信。未幾果驗。時人多異之。

田種瑜字美生。幼讀書明理。好善若素。終

身不娶。精岐黄術。診治頗效。咸豐間被袁風標逮。知府鄧爾恒捕之下獄。延之數年。鍛以酷刑。至死不悔。後釋歸。以醫術著名。人多感之。年九十餘卒。

唐續字蓮峰。邑諸生。平日習太乙神數。同治甲子年預言白露後回匪必敗。此言傳聞于馬聯陞。遂秘令嚴逋。續於是年五月二十九日踏破軍奇門法遠颺貿易。竟逃其禍。後其言果驗。

趙凱字勛丞。本城人。精研推算堪輿之術。人多欽佩。邑人有半仙之譽。

蔡文英清文生。叢家灣人。研究經史外。兼精醫卜。診治頗效。名著一時。

選舉

選舉表

紀年　進士　舉人　明經　武進士　武舉

清

咸豐　庚申　壬子

車學富　唐紳

乙卯　錢濟南

謹案自咸豐六年丙辰兵乱停考延至同治九年乱平復行兩考遞補以前闕額歷年科目列表如下

紀年 進士 舉人 明經 武進士 武舉

同治

庚午 選拔

唐润平 癸酉

張慶春 孫爾熾

董憲章 知州

鎮雄字正

孫念曾 進士 張錫齡

竇儒珍 四川塩大使

祿豐教諭

光緒

陳有泰　乙酉

永善學正

高　仰

阿迷教諭

周嗣鎬　王朝藩

癸酉　丁酉

董家傳　鄧　培

癸酉

李開泰

湯增美　董晋薰

師宗教諭

甲戌

宣統己酉

孫念曾張　榕　郭之翰

彌勒學正

唐鑑忠

葉燦松

祿勸訓導

孫錫

浪穹訓導

喻嘉行

馮朝榮 副榜

乙亥

陳安雍 更名

易門教諭

育材書院山長

孫錫

解安瀾

富民訓導

戊子

董漢章 王朝藩

河南知縣

乙丑

乙亥

趙文光

黎升鼎
武定學正
丙子
許萬才
孫憲曾
他郎學正
壬午
牛拱辰
孫光庭
内閣中書銜
乙酉
高仰

孫天秩
丁酉
孫天策
庚子
辛丑
路安衢
優行
庚午
張學渠

丙子
熊嘉瑞
壬午
張奪標

阿弥教谕　貴州試用知縣 羅甸縣知縣
戊子　庚午
吳樹藩　孫憲曾
大姚代理教谕
己丑　癸酉
朱蘭　孫爾壽
大姚教谕　雲南縣訓導 福建泉州府經歷　己丑
劉宗澤　甲午　雷本銑
貴州知縣　薛毓祥
原名祥仁
甲午　甲午
李尊先　竇維藩

雲南縣訓導

丙午

薛祥信 陝西知縣

壬寅癸卯

路安衢

竇維藩

恩貢

歲貢

孫璽 恩

彌勒訓導

周衍易

孫文

錢善元

錢善銘
莊國珍
宋九韶
胡官政
湯克仁
張培
王開基
曹鍾英恩
曹聯英
湯桂馨
解安瀾
馮得培

曹景昌
莊雲鴻
鄧席珍
常中清
李培英
江川訓導
徐肇新恩
包恒昌
鄧紹乾
孫悅
孫培恩
路安衢恩

張向長

曹景熙

唐　根

張倫忠恩

景东训導

施本忠

河西训導

董開元

陳福昌

湯運昌

張　燦

蕭聯芬恩

戴紹孔
朱先璠
王宗澤
董毓元
何興盤
吳培周
李箴賢恩
李占魁恩
湯智臨
許萬春
鄧嘉錫
張懷珍

案清光緒三十一年乙巳八月十四日奉詔廢止科舉取士。各屬士子。歸有提學使司考試三屆。優拔加倍取錄。值貢廪生。仍循序出貢。考貢落第士子。得應職員考試。分一二等取錄。入彀者以知佐分省委用。於丙午己酉舉行兩次。辛亥即光復。茲將兩次取錄職員。列表如左。

丙午科職員	己酉科職員
湯祖珍	丁潤身
焦定邦	荀祖植
楊　震	
孫天輔	

因國以光復所有庠生如後

朱光奎　蔣楨　邢鎣

曹景端　孫宗康　楊映清

李雲梯　楊受之　孫桂林

孫桂馨

科舉改為學校

謹案清末光緒三十一年八月十四日詔停科舉。令改書院為學校。本縣改設學校經過如下。

曲靖府中學堂　清光緒二十八年曲靖府知府閻榕祚就南甯縣勝峰書院改為曲靖府中學堂。招收所屬八屬之學子入學讀書。及光緒三十一年知府秦樹聲加以改造。漸次輸入新學知識。次年留日學習師範之竇經藩、牛星樹歸來任教。乃造而為科學教學。及宣統二年奉令併歸省會中學。曲靖府中學堂因以停辦。

南寧縣小學堂　於清光緒三十一年成立。當設高等小學。及民國元年乃與城區各初級小學合併為兩級小學。即以原日之曲靖府中學堂校舍改設。於民國廿九年改為勝峰鎮中心學校。

南寧縣勸學所　清光緒三十二年設立南寧縣勸學所。設勸學總董一人，勸學員二人，管理全縣地方教育。是為教育行政機關之開始。及宣統二年改名勸學員長。及民國十八年改為曲靖縣教育局。至旋改稱教育局長。下設秘書一人。教育委員二人。教員獨立。設教員、管理員一人。另組經費委員會監視之。及民國廿九年一月實行廢局改科案。併入縣府稱為。教育局即以廢止。

各鄉村初級小學校

清光緒三十一年以後先後成立。共三十餘校。民國十年以後。越州潦浒石南城、西庄、莊家屯等各處先後改設初級小學。民國十七年推行義務教育。乃推設至九十六校。又至民國廿三年改設短期義務教育。增設共十八校。又至民國二十九年。推行國民教育。各鄉鎮設立中心學校。各保設立保國民學校。係余祥麟充任教育科長職務。

曲靖縣立潤泉初級中學　民國二十九年二月成立。第一次三年招足學生三班。係由籍田潤泉捐資建蓋全部校舍。並捐基金一部分。因定名曲靖縣立潤泉初級中學。

武職人物類

謹案舊志未載此類。清咸豐同治間。回教變亂。本縣用命男兒陣亡者已列於前。其有榮膺職官者雖大小不等。而屬忠勇健兒。況民國以來犧牲更大。今日民族抗戰。忠勇効命。為國捐軀者更不在少。

更應增此一類。以資表揚。爰就採訪所得

錄之如左。

李廷標字名軒。邑人。性慷慨忠勇過人。同治初年。馬聯陞踞曲靖城。岑毓英率兵攻剿。以廷標為前鋒。勇冠諸軍。以戰功記名總鎮。授武定營參將。後出師館驛陣亡。世襲騎都尉。

姜飛鵬字從耕。邑人。幼讀書明大義。投筆從戎。馬聯陞立營壘於勝峰山。負嵎抗拒。飛鵬設計取之以迎官軍。城圍遂解。授都尋協都司。後攻越南陣故。世襲六品蔭生。

徐應宿字近辰。三岔人。勇力過人。投岑毓英部下。

每遇交鋒善用大叉。渾名徐大叉。克復出諸
城拱箐石崆閣澂江各處。均立戰功。由軍功
歷陞至參將。欽賜撲勇巴圖魯勇號。年甫
三十歿於敵。授昭通鎮營職。公文到時已殁數
日。莫不惜之。

晚有禎字輯五。咸豐六年二月入伍。屢立戰功。
由六品軍功歷保至副將銜。賜捷勇巴圖
魯勇號。歷任他郎猛緬守備。光緒十年。
於岑毓英部下管帶滇軍。出師越南。十一年
三月陣亡。年五十三歲。其原籍太和山。奉旨
陞入忠烈祠。

趙得元邑人。勇略過人。投岑毓英部下効力。每

遐文鋒。善用長槍。故渾名曰趙大釺子。克復鄧城。以軍功歷保至游擊。未幾陣亡。世襲雲騎尉。

時連魁字佐廷。黄泥壩人。自幼從軍。戰功卓著。歷保至總兵銜。敢勇已聞。賞勇號。擢貴州松桃協統領。年三十八歲。在任病故。

夏天德字純之。夏家墩子人。回亂投岑毓英部下。克復楊林澂江各處。以軍功保至副將銜。授督標中軍及昭通鎮游擊。致仕還鄉。提倡地方公益。力爭花局渾紳捐給生童月課膏火。以天年終。

李自西字恩齋。李家圩人。回亂時投岑毓英部下。屢保至副將銜。援經西協副將。以天年終。

姜雲龍字霖蒼，邑人。由行伍歷保至副將銜。借補劍川營都司。歷署撫標左營千總。

時文璧邑人。同治七年從岑尋協都司何秀林攻大石坝小板橋等處。擢保把總。屢立戰功。至光緒十五年歷保至副將加直勇巴圖魯勇號。歷署臨元鎮游擊、昭通鎮游擊。回籍以天年終。

李新春王家堡人。幼從軍，投岑部下克復迤西各處州縣。以軍功保至副將銜。署新議參將。在任病故。

楊友字鳳洲。邑人。由勇目投岑部下克復迤西各州縣。以軍功歷保至副將銜。授十里紅都司。

在任病故。

周維新，南城人。以勇敢

錢永昌，邑人。幼從軍，投岑部下，克復迤西，帶以軍功保至都司銜。授維西協都司。回籍壽終。

胥占元，字達三，邑人。幼從戎。清光緒二十九年隨蒙自道尹向時鈞赴廣西柳州，委帶廣字中營。因病身故，年四十餘歲。奉令准入昭忠祠。

時朝弼，字輔臣，三岔人。性慷慨。同治年投岑部下，克復澂江、[illegible]縣，在在出力。保至參將職銜。

薛占魁，字輔臣，本城人。幼讀書，閱史鑑。由行伍[illegible]咸豐年奉派出師廣西。回滇後隨岑毓英平定回亂。由軍功歷保至副將銜。授雲南景東營游擊。無與文人談史乎。能究其源委。人不知其為武人。任滿回鄉。与親友往來。多步行無輿馬。如平民焉。年六十六壽終。

薛占鰲字海門。占魁胞弟。由行伍投岑毓英部下平定回亂。以戰功歷保至副將。歷任大關鎮游擊。威遠營參將。卸任返鄉。恒語人曰。滇僻英法。一旦有患。皆守土之責。因決計返鄉。年六十七終。

薛占元字憲臣。隨兄占魁解省團。後投楊玉科部下平定迤西州縣。以戰功歷保至副將銜。授提標中軍守備。歷任順寧、協寧各都司。後隨岑毓英克復越南之宣光省。加克勇巴圖魯勇號。任提標中營游擊。旋因出關染瘴。
不久身故。年四十四歲。

解珍雲 字現南。劉家沖人。由行伍保至千總。任白
水汛。後出師越南陣亡。

時字禹 黄泥堪人。從軍以戰功歷保至都司銜。任普
度汛。後隨李廷標出師假騰。平定歸家壽終。

時字高 黄泥堪人。從戎出力。保至新平漫干汛把總。
歿於任所。

康繼昌字明甫。西園人。幼年從軍。以戰功歷保至守備。任維新平板橋汛把總

時字華 黄泥堪人。從軍出力。歷保至守備。任貴州鎮
山汛把總。

武順 字孝法。武庠生。法庠堡人。性剛直。有膂力。法
咸豐間回匪之亂。練鄉團以保衛地方。出尋協剿

將袁其嘉加賞忠勇。擢保五品軍功。後投効岑毓英部下。歷保至宣武都尉。亂平歸里。時疫流行。施藥活人無算。光緒初年。迷信相傳有孽龍作祟。時降冰雹。鄉親往姚家松山掘穴尋蹤。自此以後。即遠徙他方。不復為災。至今人民尚感其熱心公益。

楊汝修 字立法。東官營人。有才略。咸豐同治年間從軍有功。歷保至守備銜。後升至都司。

蔡創基 大營人。性勇悍。應募從戎。平回亂在事出力。以軍功歷保至參將職銜。

陳有富 字鳳樓。城內人。幼從戎。以軍功保至守備銜。任功山汛職。以天年終。

荀如彪，字鳳山，三岔人。同治三年投岑毓英部下効力。克復激江、館驛等處，並有戰功，保至都司職銜。

宋名貴，本城人。入伍尋協營供職勤慎，任經制把總。以天年終。

楊祖德，字靜安，本城人。本昌之子，孫鍾隆之，以軍功任巧家守備。裁職以回籍，以天年終。

鄉飲酒禮

引年尚齒，四代循環，宣讀律誥，旌別賢頑，儀文井井，酬酢彬彬，王道之易，斯其一班。

律誥

苟德樂道，行己有恥，宗族稱孝，鄉黨稱弟，內和宗族，外睦鄰里，躬脩罔斁，式訓遐邇，今德壽愷。

自今伊始。

凡鄉飲酒禮。序長幼。別賢良。判奸頑也。其有過條犯法者。不得干預。違當論罪。

儀禮

每歲於正月望日。十月朔日舉行。司正以士致職充之。率執事先一日習儀。執事人員以老成生員熟於禮者充之。

儀注

主官衆官於庠門外會集。衆賓贊禮四人立東西階上之側。從門至堂三揖三讓。升階望闕謝恩。執事擊鼓鋪席。排班兩拜就席坐。司正揚觶揖。執事酌酒授司正舉酒曰恭維 朝廷。率由舊章。敦崇禮教。舉行鄉飲。非為飲食。凡我長幼。各相勸勉。

為臣盡忠。為子盡孝。長幼有序。兄友弟恭。内睦宗族。外和鄉黨。毋或廢墜。以忝所生。讀畢司正飲酒。飲畢復位。讀律誥。讀畢復位。供饌案。酌酒。出位歌詩。兩拜。賓答拜。賓酬酒。兩拜。賓主各就席。飲酒。供饌畢。撤案。執事鋪席。賓主相酬。皆行兩拜。主送賓至庠門外。東西相向揖。禮畢乃退。

鄉飲充賓

明

朱家民　莊簡　尹沛　伯空國

清

康熙六年知州程封舉行鄉飲充賓

胡一清　鄧遐祿　劉大賓　馮崇萬

康熙四十八年知縣王淳舉行鄉飲元賓

時偉閣　尹一乾　楊鼎

康熙四十九年舉行鄉飲元賓

趙元祥　唐世淳　潘士選

耆年

明

定例年滿八十歲以上者冠帶榮身

恩賜老人　詔七十以上許一丁侍養免其門户担負差徭另項。八十以上錫絹一疋綿一斤肉十斤米一石　九十以上倍之百歲陞建坊

清

耆老

何晉國九十九歲　時思治九十七歲　時仕良九十四歲

李之揆八十二歲　莊國範八十六歲　李騰鳳八十六岁

劉開甲未行出正年八十岁　崔文魁九十六岁

以上照錄康熙年邑令王樸修舊志所載。及邑令毛玉成續修志內冊之。查禮賢養老。東西各略。亦甚注意。以及禮制碻定。此項舊制。或亦可供參考。特照錄之。如上列各項。

兹將清同治光緒間舉行之鄉飲賓及耆老姓名列表如左　先後年代。無從攷查。姑略之。

大賓	介賓	衆賓
喻懷恭	陳詩	陳士相
孫錫	劉光宇	趙安朝
武洪勳	陳文明	王廷侯

竇儒珍
戴紹孔
孫天祐
陳正源

丁燦堂
眭盡忠
宋嘉瑞
包家祥
眭雲標
曹文富

丁世奇
黑乃明
高趂峰
方有功
李運昌
張士啟
趙字孔
戴恩德
王有文
王有新
王地榮
陳　瑞

路朗

陳正昌

蔣崙

道纯

丁執中

徐登義

曹立固

曹懷信

雷聯荣

人瑞附

姓名	年齒	住址	事跡
戴洪雲	一百零二歲	代家屯	本村光緒十九年學院盧給予鶴髮延年額

武洪勳　九十四歲　城內人　就友頒以昇平人瑞額

何席承　九十八歲　越州人　卒於光緒卅四年岑給席衍古稀額

劉文廣　一百零三歲　城內人　就友頒以熙朝人瑞額

馬中才　九十六歲　三岔人

方中元　九十一歲　柳樹村　子院錫以五世同堂額

魏止朋　九十三歲　馮官橋

高補邦　九十六歲　馬王圩

陳文明　九十歲　城內人

鄭孚周　九十歲　城內人　知令信以五世同堂額

時盡忠　九十三歲　城內人　就友頒以壽康並優額

黃占高　九十三歲　前北山　清武生卒於民國十五年為人正直勤慎

續修曲靖縣志稿

卷捌

第　章　藝文

韻文　古近詩

清

五言古詩

越州古城

康熙直隸西寧知州　何暄　越州舉人

驅車味州南。山石共指數。遙望水曲曲。環抱一荒堵。尚是何年築。歷年三百五。西風摻棘榛。往昔肇洪武。洪武廿三年。傅沐奉帝簡。小醜歸掃蕩。雄峙蠻夷限。水若丹鳳朝。追追向山峨。晚來明月上。中洲漁歌綰。永安多白楊。萋萋任人取。刀火耕城東。將軍簡屯伍。城北真武峙。南方列畫圃。清幽遠近間。已分今與古。獨有松林牧。於今續笛韻。松竹自青青。笛聲雲陰雨聞。人疑舊屯卒。依稀聲相近。遠立南城望。縹縹烟霧斷。為憶昨長州。旧宅曾留否。但見山水好。芳草綠城頭。因有衣冠族。遁逸里伏處。何惜雉堞處。懷古重遨遊。

牂牁古渡

唐守誠 邑人

我生牂牁郡。不識牂牁渡。置戍滇黔間。牂牁名無數。或言夜郎西。苴蘭椓船處。漢武斬竹王。置郡当蜀戍。至今犍為城。下有牂牁路。又言牂牁江。西南夷水赴。東會粵番禺。西洋海天曙。逝已如斯。莫為明來去。只問昆明東。牂牁殘城不誤。激江与廣西。州郡經云故。孰知霑益州。明明羅雄附。羅平古道州。塔敝納蛮聚。開元天宝间。

鼎滅兵槃瓠。蒙段王滇中。龍氏綿延祚。州南河郭塞。今猶貴遺墟臺。歎後世繼崇。淋龍山頭擾。皇明著歷年。劉時功業樹。盧州基何在。牂牁江邊露。江邊土依名。曾擬三峽句。急流喜旧溪。趋吉堤未周。源從六郎來。龍電勢瀑布。環繞鑞莊南。以都勒村住。独此水勢分。蘆汀河淵措。澎湃波濤洪。撐舟不可渡。往來之行難。臨流屢却步。良哉王刺史。橋以九龍藤。閏我今館羅峰。策馬橋边暮。兩岸綠楊垂。煙隱人家住。時問蓑笠翁。牂牁指顧。吁嗟远遊子。天地一吾寓。眼前流滔滔。恨不作砥柱。

題唐公桂泉扳轅圖　另詳鄉賢

曹聯榮　邑人

吾鄉多賢達。惟公名最著。早歲登巍科。卓

然有風度。治黔數月纔。風聲已先樹。我爲紀實録。不敢尚虛譽。黔邑有大姓。爭名羨趨騖。公爲拔真材。洪闢登進路。黔邑有富户。被誣無由訴。公爲力雪之。縉金不肯顧。既能拔寒畯。兼不受賄賂。正其來暮歌。忽報皖江去。父老勤扳留。遮挽旌旗駐。歌詩符心頌。繪圖圖像鑄。迄今又十年。望風猶生慕。故里遺典型。誰可作程步。往哲既已逝。高風不可遇。我欲持清樽。往酬我公墓。

8

徐湯兩烈婦　拔貢知縣孫爾熾邑人

南甯徐某業裁縫、妻文氏無子、徐病篤謂妻曰、我死汝嫁、妻不應、徐死文殉、又有湯九甘開茶肆、娶某氏、情好甚篤、九死妻亦殉、天地有正氣。人性有義礼。賦性本同然。何独弱女子。南甯滇邑东。中原玄美里。匹婦殉匹夫。未鑒生初理。当與相貧夫。式好無怨訾。滌器佐煎茶。綴鍼從所使。相約守白頭。同偕到没齒。疾風屋棟摧。苦雨風门楣圮。隻身傷煢煢。淮丈淚空泚泚。裳誰剪裁。刀尺寒於指。月圓誰碾輪。長鋏空有耳。良人無再生。殘妾惟一死。誰有貽終言。恥作偷生鬼。脛地下交。魚目泉臺比。咄哉味秘中。独多古井水。

8

劉時兩烈女

孫尔熾

南甯諸生時庭康聘劉姓女、未娶時病殁、女过门拜舅姑、歸即仰藥殉、同邑時鏡湖孝博女字雷益婁汝瑚、婁侍公宦蜀未歸娶病殁、女聞訃即殉」

人生有至性。羞惡義之端。吁嗟兩女子。全之良独難。

彼豈不愛生。生懼紅顏汙。彼豈不惡死。死矣此心安。入門拜舅姑。舅姑摧心肝。痛哭不可留。心与性俱完。青鳥從西來。哀音赴雛鴬。目断蜀山青。魂飛巴水寒。亭亭双玉樹。臭味儷芝蘭。地下同心慰。人间長淚洗。

陳烈婦　孫尔熾

出尋協騎兵陈家宝、出师贵州、戰歿、同伍囊骨歸、妻安時氏瀝指血驗之、刻木偶葬之、不食死、

黔苗猖獗亂。夫壻遠從征。沙場不惜死。矢闵何爱生。去时同伴同。囊骨置前楹。抱骨痛哀號。瀝血辨僞真。骨是良人質。血是烈婦精。血滴骨深入。神傷心若烹。刻骨為夫形。納骨殮以親。三日

為哭奠。五日瘞高塋。七日水漿絶。香魂歸冥冥。傷哉烈婦志。堅與金石貞。賢哉烈婦操。柏舟詩再賡。丈夫瘞（死）王事。馬革有光榮。婦人泣一絶。蛾眉壯德聲。一門萃節義。二美騰芳馨。乾坤忠正氣。於焉妙為凝。

咏史

小京官 彭松齡 邑人

天不生嬴秦。古法無變更。天不生重瞳。苛政無終極。後世論成敗。奇功歸漢代。成敗定英雄。古今同一慨。項王真英雄。亭長真無賴。藉問一盃羹。父子情何在。談笑滅天倫。寡恩亦足怪。嗟哉韓彭儔。烏能免菹醢。

士兵歎

邑舉人 知縣 喻懷信

遺狼

避兵如避賊。畏兵如畏匪。募兵云衛民。兵轉爲民苦。殘暴甚豺狼。燒殺兼淫虜。賊去有子遺。兵過成淨土。閭閻血汗餘。竭蹶供饟餽。飽汝饕餮軀。飛揚助跋扈。是民胡太强。是賊遂不武。黔首委塗炭。控告直無所。顧此蒼蒼天。何日太平覩。大帥帳中坐。冥心字聾瞽。

8

白石江懷古

邑舉人 路安衢

一綫清渠夾兩岡。元人恃此爲金湯。昔年江水知何似。今日江流一葦航。此地曾擒達里麻。晝鳴金鼓夜鳴笳。惆悵五百年來事。故壘蕭々盡荻花。荻花如血映江岡。又向江頭起征戰。可憐城中子弟兵。不持戈矛執紈扇。敵兵之勢如潮涌。勇者無所施其勇。屍如鳧雁而不流。斂瘞江干共一塚。往古近今奔北同。不利於守利於攻。片壤居然名字同。浮誇乃在一字中。白石江旁石易而。大書特書在明史。縱令滄海變桑田。天造地設只如此。君不見金沙之大瀾滄深。菊須洪濤壯帶襟。惟有沐侯紀功實。一衣帶而古猶今。

何

吟勝峰古寺

乾隆僧人失名

勝峰雖突兀。古寺借荒涼。牆壁均破壞。院宇亦悽愴。山茶色何艷。皮袋味何香。東風無幾日。花落徒自傷。人生若不撥。閑論豈久常。一日總碌碌。終身痛忙忙。生前空富貴。死後歎文章。不如老衲子。清閒度時光。

清咸豐庚申夏六月六日，重建黑龍潭祠落成，型牲致祭。忽黑雲起於潭中，黃龍上升。大雨如注。潭水久清淺。雨霽後深不可測。父老相傳以為洗龍潭。數十年來未有之奇也。賦詩紀之。

喻懷信 邑舉人

泯

龍之為靈實昭昭。黑潭深閟南山坳。地幽境秘益奇異。清流環繞玉帶交。我旱禱祈可立應。瓣香遙謁仁宗朝。上皇宸翰煥星斗。澤施南詔鸞風飄。六十年來樑棟圮。村民捐貲蓋豁毛。神靈妥侑意云何。迺此安豈心鬱陶。鳩庀工材乃改作。珠宮玉闕凌碧霄。吉日維戊支捐徐。椎牲潔醴苴白茅。肸响布筵迎我庥。雲車風馬來飄蕭。黑霧瀰勃罩

湫上。四山雷吼同狂飆，頃刻对面弗相見。傾盆如注千
里條。巨浪掀空嚴樹倒。林端撞壁瓦屋搖。雲氣
水氣互吞吐。風聲雨聲相怒號。黄龍天矯首尾
露。攫拏直上高天高。瓦景变幻止一霎。唯聽鏜鞳
翻波濤。須臾收斂衆峯淨。心目開空神倘恍。少選
携榼視潭水。深淵不測浸長篙。平时沙砾半淤
塞。清淺僅可及牛腰。神力蕩刷顯灵蹟。如蒙田混
此歡流膏。向所未闻見未見。眼前奇景忻相遭。浩
歌纪事答神貺。斜陽一片吹松寮。

孫繩祖賺賊救親

乙湖孝廉家羅平之雄山。匪乱練團。及設操撤團。緘
秉肖團之。同治甲子四月廿日夜團失。室索乙湖急。
子繩祖方弱冠。誓奪父不得免。哭圍出。媒賊來獻炮

度

殲

記乙湖走出招集舊團，搗賊巢而殲之。

孫爾熾 邑人

古云死生亦大矣。死猶於生死爲美。宛溫之东有謹
山。飛黄吉良駒千里。克逢一戰始知名。徳是書生投
筆起。弱冠即戎意氣閑。左右阿爺衛鄉閭。忽报
撤團因議撫。飛閭忘我還不安。賊心陰忌賊謀切。
夜深偷度謹山月。數重鐵甲裹垣墻。奮飛絶鳥不
能越。賊鋒洶洶不能當。甘心阿爺飛尋常。豈無
健兒猛如彿。彿召不及空令皇。短戈哭圍急於
矢。缒賊來鬬脱命死。英风飈爽陣雲深。殺氣恩
陵妖自指。吁嗟乎，父子之性本天親。殺身救父成其
仁。皎皎天中白日麗。凜凜地下碧血新。我聞孝

烈悲且喜。乙湖至今爲有子。碌碌案頭何足奇。紈袴無能豚豕耳。須臾傳得捷音來。緘首就誅實快哉。負嵎豺虎傾巢穴。刺入荊棘除根荄。乃知一死的力重。掃除詿盜兵不用。喜慰完溫千萬家。阿爺之心可不痛。

○凍鬢歌

進士 喻懷恭 邑人

憶我昔年三十五。獻賦策名在天府。一朝錫作宰官身。由此須自愧爲民父。且見羅天王始出都。黃鶴樓前同聽鼓。平版隨人去負耘。製錦初宰山難爲。容陽八峰高極天。地瘠民貧仍近古。替人權守方銅章。兩載司牧求治譜。那知禍患不及防。蠻地風生豺虎。豺狼食人罪當誅。負嵎之勢誰敢傷。而我不幸適反噬。縲絏株連入網罟。尔時徒知順民情。以後追悔終何補。國法森嚴詎容逃。一紙功名委如土。妻子骨肉傷别離。那堪被論充戍虜。驅車萬里去長安。冰霜滿山恣仰俯。初冬十月風有棱。嚴寒刺骨侵肺腑。路旁行人鬚凍直。倒插艰戟怒撑拄。返觀自視爾復然。撫掌大笑比彭祖。始知呼吸氣凝成。陰陽交戰理可覩。攬袖遮護得寸溫。鬑鬚弱質兮絲縷。吟詩撚斷幾回嗟。年來共受征途苦。努力保此耐寒心。且拚一醉買村酤。

玉龍寺飲僧泉　　邑人　孫天祜

寺在負壺山，苦無水，寺僧拜禱得水，從山腹浸出，甚甘美。

幾希點滴出山腹。晝夜不舍飲之足。山中從此不乏水。多事擔登從山麓。誦經拜禱多歷年。猛虎聽經山门前。（從誦經有虎伏寺门靜听）一朝從去虎不至。惟有清水長涓涓。

題郡守韓鏡夫送鹿还山圖（名銑，四川人） 路安衢（邑人）

漢唐之盛多良吏。猛虎渡河騶虞至。今觀送鹿还山圖。循良譜中添韻事。韓侯昔年友右甸。地稱多鹿鹿不見。一旦出山傍人行。馴雉何異中牟縣。鹿之來也邇夷思。鹿之去也何遲遲。恩深瑤圃崗密綢。夢穩靈巖御瑞芝。倩他巧手開生面。疊嶂重巒工素絢。欲繪民胞物与心。只在鹿行回頭看。君不見、古人不忍見殘戮。生魚曾使校人畜。圍圃洋洋得所哉。豈料烹而飽其腹。又不見今人設心惟利己。焚身之象緣有齒。取茸和藥肉登庖。必至無鹿而後已。吁嗟乎。爾遂無再離山中。安知人不利汝肥其躬。作文祭魚詩送鹿。千古家配並文公。

題趙璽三遺德頌 並詳義行

職員 湯祖珍 邑人

號穀村在北城東。有隱君子居其中。其人伊誰足千古。今之古人趙封翁。封翁賦性天所特。平生好是在懿德。為善孜孜終其身。慈悲願為翁巨擘。閔道當年隱於箐。指空不嗜姓名香。蜀水渺渺滇山莽。寒者解衣飢解囊。歸來桑麻話故老。七仙離海架鵲橋。白石粼粼石嘴青。一扁海心如禱。況有園田圩裡頭。糧食私利害可憂。失修九圩圩無恙。胼胝勞與夏禹儔。東西南北虹影飛。懋功告竣心莫違。熱心宏願詳攬美。景仰仙佛爲依歸。鴟夷雄略良有以。樂稱大啟文昌宇。賑饑約與同濟堂。休哉貧乏皆歡喜。奄叢蜀道頻往來。蛾眉皓月胸襟闊。詎料西風動鄉思。遠遊南海到江隈。菩薩心腸英雄膽。緬翁孫行世真罕。衔頭善人婦孺知。口碑傳安道路滿。緬翁功在庶民。允宜報賽秋與冬。觀夫高風遺史載。徒向佳話欽隆儀。我欲買絲繡像勤。朝夕瞻拜心不辭。

8

石婆婆

邑人 孫尔熾

出靖城南二里許有石巋然，當清初時石上猶存漢光和五年夏四月十五日漢李元礼十五字，餘皆磨滅，今則此數字亦無之，邑人呼爲石婆婆考古称为李元礼碑均未審也。
按漢、建寧二年殺前司隸校尉李膺、竄妻子於邊、此誌應即竄所、越十四年當漢光和五年、其妻卒、時人為之立石表墓、應稱李元礼夫人碑、不揣固陋、特賦此詩。

巋然一石。南山之阿。風酸雨苦。長松女蘿。號門身死妻子竄。夫人渡沒鬢雪皤皤。邊荒萬里饒瘴癘。豈能長久受折磨。一朝霧露魂飄蕩。刻石招魂須你嵯峨。不知作者為誰子。未得搨本供揣摩。雨淋日炙千餘載。國初僅存字元和。迄今漫滅無一字。磈然一石共瞻瞰。咸皆疑是望夫石。此石卻與彼殊科。人人爭拜石丈人。小大奔走呼婆婆。名不當實亦不順。荒誕奇怪惹笑呵。嗟予質魯生更晚。無從正始徒唱歌。石如有知石應誤。李夫人碑稱無他。

負金山　　孫天祐 邑人

吾宗老武子。曾未示用兵。不徒讀其書。久歷行陣精。逆回犯曲靖。負金山頭營。憑高撼崇墉。旦夕下頹傾。將軍為破敵。布置初無驚。仰攻驅士卒。伏擊偃旗旌。腹背交相攻。奇正互為生。銜枚禁回顧。捲旆身先迎。賊鎗雹雨集。我陣風雲橫。須臾風掃雨。雲開識天晴。料敵無遺策。殺賊騰先声。若更閑武經。變通彌盡神。

柏花詩 并引　　塩運使楊本昌 邑人

余承乏兩淮都轉使之明年。三月二十五日幕賓鶴峰平君去秋，予曰：題襟館前柏樹開花矣。偕往視之，色黄暈赤，極似蠟梅，秋開者。而腰長約三四分許，挺出葉間，連枝萬朵，真奇觀也。作詩記之，以誌來者。

題襟館前柏。不記何年栽。有心並有節。忽然秋、花開。如蜜又如蠟。頰暈似霞胎。略比梅杏細。飛翦亦飛裁。枝枝簇葉間。矗矗黄金台。群芳譜未載。花神何爲哉。維陽多佳氣。前哲遺聞賅。花開金帶圍。巍巍階三台。謹實當此兆。留記供將來。

邑舉人 張榕

白衣閣雨中望東山

用陸劍南風雨望峽口短歌原韻

邃閣遠望東山雄。朗月崔巍摩蒼穹。倏忽陰霾霖雨降。岡峦翠黛現慈容。彼蒼從事好奇怪。機巧那能勝神功。雲峰常與天地久。電影急流波濤中。村樹迷離隱若現。飛煙飛霧編冥濛。須臾幻成千萬象。點綴邱壑蓋雷同。縱目流連幾忘返。披襟待掃晴嵐風。

玉簪夏枯復開

張鴻翼 大理

我有愛花癖。玉簪愛尤摯。種根十五年。護持恐未逮。盤錯條交互。枝葉清且翠。彈指問花期。迢遙隔永世。了此擲荒園。萎雜憐凡卉。有如超代姿。道時或未遇。含芳故不吐。況值艱屯際。韜光匿流景。聊以卒寒歲。豈知鬱鬱久。爾有佳朋至。一朝花盛開。皎潔凌珠玉。暗香漾碧波。投簪未委地。有時風雨來。聲響雜環佩。花開珊珊遲。正恐花歸去。奈此愛花心。問天搜奇智。人間有剝復。花豈無榮瘁。雲機果潛伏。蘊蓄終有自。盈虛消長間。只在一轉捩。花前再酬涇。感此徵祥瑞。花若有先知。一蕊一洪醉。

固關

喻懷信 邑人

蜂 擻

小隊肅弓刀。巖關鎖鑰牢。門開峰亂入。路陡馬爭逃。危磴留陰雪。寒松咽怒濤。壯心猶未已。抖擻舊征袍。

旅夜偶感

彭松齡 邑人

不是離家遠。焉知行路難。鄉心孤月白。旅夢一燈寒。瘦馬經秋倦。啼鵑促夜闌。鞭絲停不浮。旭日又三竿。

偶成　　　　前人

雲鶴有高蹤。清機物外逢。宦情難助淡。詩味馬頭濃。浪捲連畦麥。濤飛斷壑松。空山幽寂處。風度白雲鐘。

徐烈婦　北城徐某妻葉氏、娶未逾年、徐歿氏殉、　　孫爾熾　邑人

風化崇貞烈。清芬滿石城。甘心隨葉墮王氏殉於立社日不語愧花生。劍許情難負。壹手八字已成。千秋光邑乘。閨閣並芳聲。

武侯祠太湖石　　孫天祐

一品玲瓏石。山中幾百年。心空自通透。骨瘦更貞堅。天與剛難奪。雲生幻是憐。却嫌生太晚。不遇米

家顛。

七律

上拉邦坡　何辰朗 乾隆戊寅解元 越州人

策馬拉邦興正豪。盤桓直上勢周遭。雲沉足底千層暗。峰列身前勢级高。舉首疑將天作路。褰裳恰与蟻同勞。攀援絶頂舒清眺。滿壑寒煙古木號。

九日登滇南勝景　前人

逸興翩翩九日清。駕乘緣景馬歸程。風迴絶嶺寒山寺。雨急滇關暗石城。題咏幾人詩壁在。黄花數朵酒樽盈。醉餘誰識參軍帽。好寫風流寄懷。

老鷹崖　前人

垂崖疊疊鎖黔邊。路過老鷹別有天。尋出奇

岀飛欲去。垂來正岫草還遷。漫言巢底通溪徑。且看雲端起息眠。玩賞多情留不住。征車忽已度層巔。

飛雲洞

前人

幾朵飛雲架碧空。根盤洞口勢西東。垂天宛若森無際。觸石仍然渾在中。綠杖挑來仙外鄉。奇峰插就鶴仍踪。邊然形勝搖點境。無限深情寄化工。

拜墓

何台朗 哉諭 越州人

四百餘年祖德多。常留遺德在崇巖。將軍有墓飛空吊。蔓草含烟詩更過。魂斷杜鵑山自靜。雲飛華標石無頹。閑心尚渴修殘碣。展拜營前永不磨。憶及淮叟親淚更潸。南山瞻拜又東山。雖存德聲勸

阿

劳日。来书心留飞域间。基表明修仍有绩。始谋何所

永昼间。夕阳下处禽声乱。叫到黄昏月一弯。

寒食　　前人

千家郊外溯芳踪。踏破青青未肯归。禁火令中城

塵自静。卖饧声裡燕初飞。晴闻柳陌烟如画。风

到花城力岂微。借问五侯何处好。小桥亭外挂斜晖。

乙未　李同年权篆南甯州。届兼诞日。寄呈俚句以

當寿言。　　何瑄　越州人

遥瞻紫气自来东。绳武允孙景福隆。学绍先达光

珧石。书留邺架高阁中。鳣堂绿武班衣赤。花称寿

长禄萼红。章棣编诋叨世谊。棲龄祝与南山崇。

游法源寺吊谢文节公　　喻怀信　邑人

悯忠遺迹蔓荒煙。卻聘孤踪弔昔年。三敗猶存緣母在。一言持繒杖仗朋賢。上書已分終埋血。忍餓何心尚槀饘。更有柏臺懇設死。至今祠墓傍西偏。

9 袁家坡謁明左布政使朱同人家民墓　前人

佳傳早從明史讀。儀型景仰迄今朝。石城蠻著千秋戍。鐵鎖盤江萬里橋。梓舍勳名高北斗。黔中尸祝薦芳椒。我來墓下低頭拜。萬朝松楸賦大招。

8 勝峰懷古　曹聯荣邑人

十載干戈接戍煙。幾回憑弔勝峰前。銷兵績著千秋碣。開國侯封萬里天。秋雨石江餘戰壘。春風花院訪枯禪。邊城不禁興臨感。將業憑誰趨潁川。

和謝石臞題潁川侯韻　　前人

潁川勳業不尋常。郭里封侯望也陽。弔古英風猶凜烈。值今戎馬哭貪皇。石江霧黑重開壘，湘浦黄雲悞築場。告急連番無一信。城頭斜日照迴廊。

○

題攀轅圖　　宋九韶邑人

邑人唐公琦字桂泉宦滇卸任士民贈攀轅圖以誌紀念感而韻咏此

山迎天馬水流湘。名哲鍾靈溯也陽。自古棠蔭垂蔽芾。於今枌社薦馨香。循良偉績追前漢。歌頌連篇接盛唐。瞻望儀型羣仰止。常留史冊姓名芳。

前題　　進士彭大賓

惠人自昔重詩東。南國賢豪具我公。士庶攀留懷衆母。篇章歌頌孝名滿。鄉評不與官異。好善還徵衆懿同。爲向黔民多雅化。及今尚自仰仁風。

與滇中父老贈别　總督　林則徐

恩叨再造愧兼圻。敢道抽簪學息機。壯志不隨華髮改。孱軀偏與素心違。霜侵並樹憐秋葉。風動邊城澹夕暉。重鎮豈宜容卧理。乞身淚滿老臣衣。

五華山接點蒼秋。卅載鴻泥兩渡流。昔喜鄉門騰士氣。今勞憲旅破邊愁。濟艱幸仗同舟力。空遠遥資曲突謀。莫待征西烽火息。從來未雨合綢繆。

此邦父老共忘形。高會曾誇六百齡。繪句吟聯新霽雨。臨岐踵接短長亭。鑄金敢聽爐錘奉。勒石休磨盾墨銘。第祝彩雲長現處。文昌星映老人星。

黄花时節別首蘭。萬感興情忍淚難。程緩不教催馬足。裝輕未肯累猪肝。膏肓倘起生犹幸。寵辱都忘夢亦安。独有痌瘝仍在抱。憂愛时常结寸心丹。

除夕感賦　　彭松齡

醉向东風夜倚欄。無情社鼓也吵声殘。九千里路三年客。十二科名七品官。今夕月明孤枕夢。当窗風破五夜寒。犹憶故園相聚日。松醞松果活團圞。

初歲家中　　前人

白石江流細有聲。驪歌唱徹晚風清。題橋敢免昂藏志。彈鋏空餘感慨情。十八年華雖再誤。九千里路此孤征。城頭漏鼓天邊月。好記關山第一程。

臘梅

進士 喻懷恭 邑人

群芳入臘信將闌。獨有梅花帶雪殘。梅色黄昏三徑冷。山容瘦削數枝攢。憐他玉骨經冬老。挹得冰心耐歲寒。知是天工有專意。清溪橋畔足盤桓。

徑闢三三尚未荒。衝寒直許壓羣芳。冰霜時節留清影。風雪山中有暗香。花信爲詩殘臘盡。天心將共小春長。剩憐仙骨神偏瘦。端合詩人與較量。

寄書滇中有懷諸親友

前人

故鄉風景憶分明。楚北天南路幾程。千里心交怯盟約。三年宦況感勞生。寄書每說平安語。得夢偏多恍惚情。知否粗官貧更累。近來霜鬢已頻盈。

懷鮮庭臣內弟兼示姜戚弟 四首之一　前人

檢點行裝莫久留。明朝同眺黃鶴樓。官程卻累難逃債。人到出山似脫囚。驥足詎能羈遠志。鵬摶只恐誤高秋。窮通有定關時命。且把新詩好唱酬。

○余權篆鶴峰、兩載有餘、辛亥春因案調省、瀕行誠此誌別、二首之一　前人

銅章卸卻一身輕。檢點無囊載鶴行。細雨當門名士淚。春風沿路美人情。出山始信來時誤。到水還看到底清。自愧庸才無善政。替人作牧總虛名。

余因案繫獄三月有餘，困頓無聊，不復作生全想。幸內弟紫珊茂才能文過我，詩酒談心，聯床夜話，幾忘其為罪人也。紫珊以詩勸我，即步原韻賦七律四章，書之於壁，聊以遣悶云耳。

前 人

昔年七次上公車。徼倖成名路猶差。百里分來權作牧。一官失去竟無家。敢云縲絏冤公冶。空納琴臺訪伯牙。且喜新詩多美作。知君筆下已生花。

四十自壽　　前 人

遲遲勞生四十年。徒增馬齒意淒然。身因負罪磨逾老。酒為多愁學不仙。孤月無情來禁裡。東風有夢到花前。從知世路崎嶇甚。白髮蕭疏只自憐。

咸豐壬子四月遣妻子南歸　前人

雕梁傾覆禍相加。巢燕紛飛白日斜。不幸身名今隕地。可憐妻子自歸家。愁懷遠寄天邊草。別淚濃堆雨後花。獨有田園真樂在。他時聚首望偏賒。

余因案戍伊犁，甲寅冬蒙將軍奏派赴葉爾羌辦理文案，乙卯夏四月到城，復蒙參贊奏留，自維棄材，疊邀異數，身世雖羈於邊塞，姓名屢達於天庭，因賦此以記其事。　前人

萬里天涯遇合奇。書生拓筆寫幽思。文章忝荷將軍薦。行止都邀聖主知。自愧庸才身已賤。敢誇公子學偏宜。捫心未報君恩重。辜負當年獻策時。

自問　前人

故我依然費揣摩。返躬自問手頻搓。宦途軻坎名安在。驛路風霜債幾多。作甚孽冤奚至此。生來天命竟如何。前因後果參知否。身世浮沉夢裏過。

題毛琢庵同年鏡心圖小照　喻懷信邑

邇寄潛心儼照臨。幾微義利別判人禽。捫心敢謂心如鏡。借鏡求無負此心。

五載南甯無政聲。寄書無鏡須神明。出其心與民相見。方寸靈臺如許清。

中秋感懷　前人

鴻雁離羣駒十年。歸從塞外返家園。道光庚戌春初與壽銘兄話別於鶴峰州署，咸豐庚申正月初四日壽齡自葉永羌旋里，相距一載，而余又艱難遠行矣。

豈期忘命同兄節。竟使依人學仲宣。濁酒一尊明月共。鄉心千里暮雲懸。塗山岷水增惆悵。無還佳時使惘然。

入冬以來，沉陰積月，旅館孤寂，益增愁戚，漫成七律四首　前人

霖

沉陰鬱雨寒雲低。冷風撲面粟生肌。紙窗靜掩敝裘擁。亂鴉不住城邊啼。先生枯坐少人跡。中夜擁牀每太息。老大頭顱未致身。盱衡時事悵何極。

縱

孤身避禍天涯走。兄弟妻子田園守。時雖年荒作麼生。憂心無地空搔首。帝京北望雲路遥。背兩翼無長風。何時巽二為借力。扶搖九萬摩

蒼穹。

蒼黎遺我尺素書。故鄉飛禍生不虞。摸空搔栗掙毒掠。閭閻徹夜聞號呼。一霎城空如水洗。當面猶人背面鬼。慨歎民生胡不辰。皮肉爛盡生瘡痏。係一練目睹元鎮總兵何自清貴州鎮、寧苗何有保之養子也。改還姓林。自雲南省城率兵練若六千人。聲言入蜀助剿。道經曲靖。駐紮城中。夜分忽下令搜括。城中。民間財物劫掠一空。滿載而去。時清同治元年四月十六日事也。

世路荊榛人易老。空戈鐵馬紛紜擾。羞去楚遣無鄉日。何須擲筆生昏曉。南山有鳥北山羅。一生有命飛由他。蝙蝠亂飛天色暮。挑鐙漫自短（唫）歌。

客有言避亂入山、而山中之亂轉過於城市、因倉皇移家而出、拈此曉之。

前人

昨日入出山今出山。亂離何處容施跧。人人都說桃源、好。無奈桃源在世間。

叢塚　　路安衢　邑人

白石江頭古戰爭。道旁叢塚穴離離。賊渠久已歸俘虜。壯士何須識姓名。兵敗千人同日死。詩成百感一時生。頻年過此焉憑弔。馬上嘶風似不平。

南城樓新建呂祖閣　　前人

層樓高接勝峰阿。上祀純陽氣象峩。屣脫唐朝新進士。蓋傾漢代老維摩。英雄退步尋仙宅。才子回頭是大羅。絕類當年三醉處。瀟湘河畔起漁歌。

頌郡守秦宥横調首府　二首　　前人

昨聞大府檄飛催。首郡才需治劇才。此地難留仙吏住。滇垣喜見福星來。庇他寒士宏施濟。活我飢民費畫裁。秉臬陳藩榮進宦。何須逆旅起樓臺。

實心實政濟時艱。不讓龔黃擅美先。興學我深勞鶚薦。八城人競加賀鶯遷。胸襟自具名臣格。領袖群推大尹賢。鴻鵠一飛三萬里。目中豈復有鷹鸇。

題晚烈女 另詳烈女類

學院 吳存義

玉樹霜凋棧嶺低。孤鸞猶傍女林棲。常儀魄死將圓影。烈女於三月十四日聞耗即殉 杜宇魂傷向蜀啼。青鳥一聲看佩玦。白頭千里想摩笄。時鏡湖同年任雲州訓導，烈女侍母南甯 南山貞石先磷待。迴風天書巨筆題。

和前韻

教授 何其貞

烈婦猶攜古井低。女貞木上暮鴉棲。錦江夢斷離魂

遠。蜀道思歸血淚嗁。宦海珠沉嗟化石。棲庭緘抉

慟摩笄。捐生就義閨門少。彤管貽徽鄭重題。

和前韻　　袁按　李芳肇

寒色凋傷寶樹低。然聽鶯燕忍羈棲。塵夢不堪

明月滿。冰魂空望錦江嗁。遺恨庭前誰詠絮。可

憐泉下尚垂笄。採風何幸逢星使。彤管流芳頌

品題。

舊志云城内打油巷有一節女絕詩今採得其詩一首

失名

尺素雙魚伴入溪。九迴腸斷兩東西。萬千愁訴三更月。

二八驚烏五夜雞。四季空懷七夕裡。六街誰保百年齊。欲

登十丈夫山去。怕聽猿聲一路啼。

孫烈婦

從堂兄孫柏娶丁氏。無子，柏歿，氏殉。合葬祖塋。

孫爾熾

情天情海總情真。忍使無情負此身。轉瞬百年成朽質。傷心一死有完人。參天柏樹偏枯夏。柏卒于六月 無子丁香不復春。丁氏無子 寒食年年同拜掃。鴛鴦枕上白楊新。

觀音硐石香爐刻詩

牛漸東

峭壁懸崖佛座開。花飛硐裏襯蓮台。桂香簇自雲間至。掛緣人從天上來。隔岸僧尼敲玉磬。沿河女士跑金罍。當年道侶鳩工鑿。是否普陀幾費猜。

重修白石江浮橋

清光緒七年 邑庠生 劉光耀

橋上架橋眾說浮。滔滔江水硐分流。洪波驟漲惟淹腳。白

石匀支競出頭。十五礅排艭如鷹鷀。百千人渡賽漁舟。天方七夕

創名和滕。清同治初年回首馬聯陞劍廷　坍塌恭將集款修。

詠田家堡葡萄泉

邑諸生　曹榮生

塘水瀅清現葡萄。旋生旋落綴滔滔。之滕郡許黄

童拈。結粒曾經碧浪淘。盤既離盛何適口。徑將取釀

苦無糟。日當卓午陽光烈。却任金烏入底撈。

七絕

◉　宿白水驛夜咏

總猜　勞崇光

有緣滑傍佛堂居。取次挑灯作檄書。寒夜枕戈眠未

穩。催裝轆轆聽征車。

森嚴刁斗角聲蹄。北斗横天夜寂寥。匹馬西行探

曉色。露沾城山勢讓人高。

奉調首府別曲靖士民　　郡守　秦樹聲

出山水濁在山清。杞國天高本不傾。一事郡齋似康樂。芭蕉陰裏聽書聲。

自分虞翻骨體疏。海濱安敢怨沮洳。小臣治郡固無狀。況復風流好寫書。

詩人無恙瘴江東。楊柳蕭蕭接古津。前路塵埃深十丈。斷橋流水照伶人。

水聲瀚瀚咽殘陽。過雨平疇草木香。誰道蠻天風景惡。浪花有際似瀟湘。

翩若客舟任所之。女乘三宿總情癡。匆匆人了休回首。魏闕江湖又一時。

究竟平等入風謠。臣曰王前豈謂驕。八百孤寒誰擢髮。只慚才謝李文饒。人人藹月盖纏初。慧劍還能小決。無擾擾環生殘照外。明朝一別等西湖。拘絞紬老賽五豨。敢云歲以儉為豐。臨岐但有豚蹄祝。十苐汙萊烟雨中。

民國丁卯郡城兵變感咏 職員 湯祖珍 邑人

烽燧無端撲面來。滿城風雨聽鴻哀。重圍坐困終無策。破壁搶声似震雷。窮窶搜糧盡說空。啼飢號滿一城中。槍前幾次兵來刦。戰慄驚呼有幼童。無限脂膏一旦休。傷心慘目四城頭。康橋竟燬千年跡。遺恨長隨水咽流。

北山屍積等西岡。日夜鎗聲似雨攢。料得秋墳新鬼哭。斷橋愁霧鎖瀰漫。

春明度歲　彭松齡

露李霞桃一任新。微官萬里且孤身。雲城不鎖還家夢。猶向春風賀老親。

棧道雜吟　彭松齡

七盤盤出萬山巔。山欲爭强不讓天。我向白雲深處去。好從山頂覓詩肩。

歸來一劍壓詩肩。蜀道何曾難上天。肯識家山農事到。沿溪春水浸秧田。

斷橋流水小山斜。斜徑旁通三兩家。亂石圍墻茅蓋屋。當門一樹碧桃花。

岡峦起伏荡雲霄。危栈鉤連接短橋。之字山坳人字屋。滿天風雨暮瀟瀟。

喜生子　　喻懷恭

嗟余半載失官家。燕子新添敢自誇。燈火先知人有喜。昨宵連结数園花。

8　弔孝烈劉素蘭　　邑举人　路安衢

綱常名教倩人扶。奇女由来缘丈夫。自古艱難惟決死。男兒对此汗顏無。

家傳閨門（訓）廣賢姝。峻節當年首问姑。今日蘭家仍濟美。殉姑兼殉未婚夫。

曹娥純孝古今奇。天性之恩激一时。豈若從容就义者。踐言远至廿年期。

豈

母存侍母我同生。母歿隨亡志莫更。彤史他日书孝烈。閨幃師表冠芳名。

鮮脱紅塵返太清。前生合是許飛瓊。為移名句相持贈，一死身猶泰岱輕。

重建勝峰樓有感　邑諸生 陳文昭

邑侯重建西城樓。大木深藏幾度秋。回憶憐民護炮苦。勝峰湘水兩悠悠。

城圍七旬戰不休。炮鎗尚裏勝峰樓。伊誰迅解紅羊劫。五百年來見壯猷。

大坡山濟渴缸　邑諸生 李魯昌

置缸於此大坡山。利濟行人性命關。聯紱崔公遺法遠。雍正迄今多一班。

行人解渴望酸梅。提起梅酸渴解開。兩美置缸出徑側。清泉暢飲慰徘徊。

方烈婦　　　孫爾熾

乾坤正氣濟艱難。生已艱他死乃安。弥月呱呱留不了。女貞樹下月光寒。

早年捐軀地下從。又原可緩隨從容。夜台從向良人說。似續痴心空自儂。

好好多從轉念慮。羨他始終志無違。到頭不解殉夫意。如此貞操古也稀。

或生或死為良人。婦道由來是解真。不是殉名同烈士。一時慷慨遽捐身。

張烈女　　　前人

出諸花柯武生呼（燈）鈞女年十四字同邑姜雨甲甲病殁女聞訃即殉

花放花窠花遍新。桃花嬌小待良辰。詎知早具雪霜操。吟到柏舟驚絕人。

滔滔江水赴曹娥。一樣捐軀不讓他。殉父殉夫憑少女。邯鄲不作奈之何。

8

遊金粟菴吟感 經濟特元 字 使 袁嘉穀 石屏

竹輿迤邐出西門。左繞芳堤右柳村。夕梵聲中山現佛。秋煙涼處稻生孫。苔碑人訪雲双寺。松嶺天開月一痕。緣地未遊詩早寫。定知金粟證淵源。

原跋云——癸酉秋，撤雲招遊出城。伯衡導觀宝子碑石城碑，出金粟菴，見壁間古聯云。風松聲嘯宛。雲殿脊盤螭。款署朱和尚錄屏山句。始乃近日拙作。不知此公何以謬賞及之也。愛其書法且契佛緣。特注於此。

○諸葛武侯贊　　邑人　李占魁

武侯南征，據舊志所載出諸遺迹最多，今於安塑像，人士瞻拜亦最恭，感而書此。

天地英氣。南陽特鍾。斗室才裕。三顧禮隆。綱黃正統。盡瘁鞠躬。綸巾雅度。羽扇從容。運籌帷幄。幾務折衷。博望試手。人莫當鋒。力抗魏北。先結吳東。大義時懔。勝算無窮。三分雖定。八陣遥雄。縱擒敵服。先後表忠。丹心不貳。輔漢克終。名垂宇宙。君子之風。

續修曲靖縣志稿

卷玖

22084

續修曲靖縣志稿卷九

第九章藝文

第一節駢散文序記

創建清節堂序

郡守 謝雋杭

蓋聞貞節清操，乃人生所最貴；恤貧矜寡，為庶政之必先。余于丁酉歲奉命來守是邦，叁前府陳六舟前輩有捐廉養贍貞婦雷張氏一案，又查施濟航前輩有由花局提款養贍節婦陈孙氏一案，均相沿至今不廢。想見兩前輩維持風化、嘉惠煢独之心，先後如出一轍。爰因各紳耆陸續舉報貞節婦女到府，思有以紹述前徽，推廣旧政，乃禀請創設清節堂，由惠濟花局收款酌撥四分之一歸該堂，發商生息，專為養贍貞節經費，以期永久弗替，用慰柏舟之志，而揚彤管之芬。是為序。

出水洞並亭一洞記

西寧知縣 何暄 越州峰人

宇宙靈異之境多寄山巔水湄以自寄是其所憑依者然耶

龍潭為曲靖名勝傳聞久矣由潭沿流而上徑里許有洞焉絕壁直立高數仞水自中流出其空濶幽邃不知所終極也阻以水不能入問之人則云架木為桴可逆流而入入里許地闢天敞日光四射中藏沙洲洲之大不下十餘畝水環沙洲而流又其內則人不能至之云俗呼為出水洞泥溪之流即源於此出水洞之旁又有一洞並無名稱其洞與出水洞相連而不相通至結構則天然奇巧橫捿山腰攀援而上者數十丈洞外石壁直逼峙如經巨靈劈削然循洞門而入其中曠如奧如不可端倪崚嶒嵯峨倒懸而下垂者絕頂之爪牙也排劍立笋蜿蜒而磅礴者四壁之突兀也納日光之明晦引清風以行徐則天窻之崆峒又橫列以

頓開也若丁玉筍垂楹飛云吞壁石燈高階石妹斕室碎錦璘

殉翠屏凸凹古色繽紛態濃意遠則又龍蟠虎踞鳳舞鳥翔

雖有藻繪亦莫能神呼技矣又進則別以小竇僅可容身入中

亦幽廠ゝ81鮮潔約有屋半架旁仍懸一天窗以照之噫是洞也

殆天地所鍾靈於是者耶顧不與龍潭同傳且並泯其名若

初無甚炫異惟即出水洞以見意者豈洞亦有幸有不幸乎

仰亦逃名於世不求人知故人雖知之而不能名耶或曰曲邑多

古洞昔有道人曾学仙於此疑所謂仙人洞者近似余妄以知其

然也憑虛而望則但見水聲清越橫列其旁悠然而逝者與

目謀冷然而怒者與耳謀靜而深虛而徐者與心謀因並記之

公置黄虎硐義地記

郡守 謝儒杭 山東人

丁酉冬余奉 天子命來守曲陽越明年戊戌秋七月郡城瘟

疫流行喪亡相繼民人狃於積習以暴病死者急瘞之則於生人不利因多停柩於城西南之負金山下蓋山下為舊日叢瘞地故無塋兆者停柩於此以便他日窆瘞也然余按是山為屬之顯山下即郡城來脈不宜壓以凶物爰囑南寧大令賈君退菴同出示諭速將山下停柩移窆別所以安亡者而顧風脈其舊瘞之纍纍荒墳遷不勝遷聽其自便惟勿令再瘞而已顧念新寄諸柩亦或有無塋兆可遷者強令之遷非為勢所難行抑亦情所弗順乃商賈君共為經營諭紳士陳啟亭等別購善地以待無地者遷瘞焉未幾陳君告云已於城西北擇得黃泥硐山地一區計廣袤約十四畝係郡附近居民三十六戶於前明所購之山地寔高阜無溝水沖決之虞且界在偏隅亦不致日久變為道路似為善地余商賈君韙其言商之各業主從公估價立約杜賣永為

義地業主亦以此山無水可灌產物無多等諸石田情願售之於
公處價銀叁拾金立即交銀立契鈐蓋府縣印信發交紳會收
執俾新停負金山下諸柩之無地可遷者即令於是卜窀穸從此
棺槨無暴露之嗟山泉免購壓之憾庶幾風雨和会災祲不作
而人民日以繁盛乎是為記

重興施棺會碑記

郡守 謝儁杭

棺

余來守曲之明年。既由前令賈君退菴議購置黃虎硐義地一區。
收瘞無主屍棺。俾免暴露。越二年。復拔身故貧民家屬以無
棺告者踵相接也。前此有無兆既已為之設矣。茲並棺而無之。不
尤可痛耶。查郡城向有施棺会。後因経理無人。欵项告竭。此事
遂廢。因由紳耆共議重興斯会。由花局撥欵五百金。余亦捐俸
薪五百。共一千金。發商生息。月得息外。置備棺木。以待貧民不

弗

时之需。吾啟亭陳廖質斋督理其事，庶幾経久而变。抑余尤有
祝者，斯会再本古人掩骼埋胔之遺意，完局補偏救弊之末術。
惟願自兹以往，民情向善，官府不擾，祥和政績，永无水旱癘疫
之灾，富庶日臻，行年同樂，斯会之典祇作備而不用之物，則兹土之
幸也。拭目望之，以俟之君子。是為記。

郡守 秦樹聲 河南固始人

曲靖中学堂照相記

光緒三十有一年十二月二十三日，高材生郭之翰等以西人景法請
應。曰：不喜景。詰之，則曰：親師也，樂羣也。固以請，曰：國危矣，胡顏
以景生墨二去詰，朝圜景者，曰是宜景。景之必及是时，遂景之。示余，
二曰：生景矣，何以景余？虽然，余固有不景者存，且以不景之景之。生
之景可乎？景何循迹以撿心者也。天下莫鄙於吏，而莫鄙於文
余文忌吏，顧坐峭直廢棄，於世百战不一偶者，周秦以前之文而 84

不免於唐宋以後之吏々迹余々迹文或及或不及者天也與心毋
迹々相遠亦遠姚吳欲喜景湯邪為守行暮月吏治不進文
字亦乖落案牘之隙輒手一編為禪宣自識或坐衛犹唔々疑
案牘亦周秦前物也又自哄莊生云蒸成菌斯言而信則余毛髮
之間當有文字菌何以景余世喪道矣道喪世矣余奚似犹佗々求
其不喪者並不我景而面之我必不敵心之我畫之我必不敵
夜之我生之我必不敵死之我可決而言也我我不々誰能我
二者夫不我我則不我於我者亦寡矣生勉旃何師非我
何我非師何羣非我何我非羣邪夫吏學堂中人所忌文亦
非學堂中人所宜者老即余喜景生其喜與余景邪余倚
於槁梧而瞑可乎三　教習者豫劉孝廉堯和蜀呂君少
卿長白文君丕丞肄業生則南霑陸羅尋宣平馬某々也太守

固始秦樹聲爲之記

敕建義夫橋記

秦樹聲

宣威南有宛温水合龍潭乃納河曰拖長江是爲北盤江其南源西有瓦岔河自霑益入合得吉河又東南爲可渡河合皁衕河是爲北盤江北源水道提綱貴州輿圖比皆疏謬未審也北源至可渡漸浩汗丁滇黔蜀孔道一小艇寘岸援巖藤挐之曰溜索無櫓舟楫以揚舲而挐汰也渡者既載舟子循索容舟偃仰魚頡而鳥䀹如郗盧之緣橦焉霖潦泛溢風濤甸訇絚折帶絕葬魚腹者往往而有光緒癸巳曲靖趙封翁勛丞歸自鎮雄河溢阻逆旅十五日抵里誓作橋因建長利命其子今 陸軍中將趙詒勛則平沙無垠端東西不恒亍亍久之一老人拊其背曰若欲爲橋邪距此里

許有盤石直踰中流龍驤麟騰渴所憑依可事半功倍也顧之失
所在踪之如言計大定乃浼陳紳子嘉鳩工尋物故果宣統
元年二月
封翁病革遺命曰可渡不畢役吾目不瞑矣　中將故忼
愾秉意繼志而負羽海嶠乃屬從兄煥亭厚菴二君先後
經度役自民國五年秋八月至六年春三月蕆事橋長三
十三丈有奇寬二丈許糜白金萬八千圜履道坦坦人謳頌
之先是　封翁之　尊人廷章公疾　郎夫以人封辭和藥
愈之尋憂悴以歿　封翁甫逾冠感其誠孝不再娶奉
大總統令獎建義夫坊故橋氏焉余以甲辰守曲靖從了
水土恨未竟其緒數至宣威聞可渡病涉頻蹙而　封
翁之樂善不倦卒觀厥成長虹之影真間於卧波司馬之

才有攸於題柱 封翁可謂有子也已己未六月秦樹聲記
并書
玉泉寺觀茶花記 喻懷信 邑舉人
去郡城西南十五里有寺曰玉泉以寺傍溫泉如玉而得名也花本
明秀天開龍頂之圖鉛墜清幽地擅石城之勝挹潔洄之雨
水玉帶浮光鑑澄泓之一潭珠泉噴沫山蛇盤而曲護田龜
坼以紛羅菱葉戕風稻花芬雨傳聞古剎始自宋時於今
斷碣尚留元代爰招邀乎勝侶蒞妙選乎佳辰時則日會
元枵律中大呂春風乍拂臘雪才融撲鼻香來梅花紛其
紅白迎眸色至柳芽間以青黃於是冠箬笠拄籐杖蠻
榼絜奚收隨右白石以西行溪橫儻倖挾負金而南指江
湖瀟湘路鶴峯迴適曠奧於心目疇平埜潤滌煩蹈於

畔 奴

87

胸襟。霞明雲外之山。樹鎖煙中之寺。迺造精藍。爰登傑閣。望參天之翠柏。陰拂檐牙。驚拔地之紅茶。彩騰檻畔。萬朵千朵。三尋五尋。枝柯而翠幹凌霄。爛漫而朱華炤日。共優曇鉢而競媺。豔絕南滇。被曼陀羅之雅名。品超西蜀。花深少態。笑它坡老之詩。味勝名茶。載檢蓋臣之譜。信弗慚於十德。允宜號以無双。馬腦紅般。鶴頂丹麗。值冬春之代兆。競吐奇葩。任霜雪之凝寒。信爭嬌態。肯如桃李。爭笑東風。願同葵藿傾心朝日。嗟虖。宜光寺兩株並媺。休誇沐氏林亭。拙政園四樹爭榮。怕誦駿公篇什。亮瀛已逝。鄧漢云遙。勸特賞之無人。挹貞心於終古。句得折枝盈把。作瓶供於蕭齋。酬將魯酒一卮。慰花開於晚節。既而暮煙靄空。夕陽銜岫。聊逍遙兮自適。澹容與以忘歸。斯游樂乎。雅以山水為契。重來

古美 媺字

審亂休教猿鳥拒人。

清同治初年，岑襄勤公督師駐秦家寺，克復田乱寺院。徽蹤躪乱平後，公捐廉，并飭部下將弁分別捐助，以資培修。工既竣，鄉人勒石頌德，茲特略記而志其緣辭。

邑庠生 蕭國賓

江東民歌兮三岑，善政推行兮動人心。世德作求兮炎漢迄今，代有偉人兮巍煥簪纓。宦遊昆海兮戈不違手，揮金拯斯民於水火，為南土之甘霖。奈何跳梁兮馬逆城據，曲尋公本寬仁兮，渠不納欵輸忱。爰誓師東征兮，傑戟遥臨。環攻兮四面，壘高築而漸深。宜附兮而終不附，剿致殄殲兮束手就擒。烽煙頓息兮曲農安耕鑿，士樂披吟。祿位崇高兮節制滇黔，少保命敭。景公鴻儀兮，大度愔愔。憶昔焉

駐兮、載驟駸々、望公々不見、風雨蕭沉、徒使讀此路碑有餘音、

南盤江考

通海教諭唐守誠 邑人

徐霞客謂南盤江源自沾益炎方驛發源是也然炎方在花山之東南故通志云自沾益州花山洞發源予以南北盤定出花山、花山之北、水归宣威出盤江、花山之南、水流至松林驛、納諸小水、经新雲益州北五里名黑橋河、東南流、遶城東太平橋、北山諸水自東入可東南數里、一水東自白水關西之分水山嶺發源西流至十里舖南流会諸山小水東流入于又數里会源發馬龍州西七十里、麼刀溪、经小寨至巖口、合南北諸水東流二十里遶翠峰山、南宵西北三十里 北 北山即自宜良羅藏山北發脉東北趍屼峋山直抵楊林驛南趍中和山直至馬龍北大海哨微伏過响水塘北、大趍翠峰山為南七省之祖龍、一支自大海哨東南龍頂山東南结曲靖 東轉南流

十數里至交水村之雙河，流入霑益城西南十里之阿幢橋河，一名膱溪，水源出州西龍華山下，今名新橋，東北流下，合花山水，名曰交河，以黑橋河交阿幢河也。至是水勢散漫，地勢平衍，東連軒家山，西抵太和山，東曰東海子，西曰西海子，中有巨魚，年納租税於南霑二州縣云。南流為朵家河，曲折至王家堡（即古石城縣），西上有朝陽橋，南流循五台山下，滙為紅花海，西內南寧縣東北八里，源自馬龍州北二十五里翠峰山（即南寧西北三十里），西水自石峽中浸出，靜聽如鐘鼓声，名响水，西流至响水塘（南寧西南二十八里），折而南流，合諸小水，經茶亭（俗名麵店，北行十里三岔驛，東行二十里至曲靖城），五里，北轉王家屯出，東北流至湛家屯，一水自勝峰山出（村南東流有橋），巖家坡上有（名貴州布政使朱家民墓），又下半里，会自賈家冲發源，內彌陀菴水，由南而北入里馬里許（白泥坡水自花山）西流入焉，一西北流至三岔驛（即古味縣）東內閣下之水、向東入馬、又翠峰山東桂家屯水、東南遶驛中流二三里、向東入馬、北流為濟眾桥（俗名馮官桥東五里）北折尹家小屯花山北水、经阮家坳、（又名紅土坡上有紀文苑傳鄉賢唐守誠祖塋）自南西入馬、遂遶驛馬湾（上有明陝西巡撫唐时英墓）瀠洄東南而北、過蘇黄冲、直下曲江、復東南轉北為白石江（即明沐西平擒元平章達里蘇處）東南出曾家塘南為後北山、（上有兩淮塩運使楊本昌祖墓）（鄉賢儒林唐守誠墓）向東下河家屯有石閘、以衛水東流而伏、又出紅花海、东南流為中河桥、西轉葫蘆桥（石城左水到此交口）西内源出馬龍卅東南松子山下、会木容山、此箐溪諸水经觀音洞、（上下絶壁人跡罕到中有石洞往往見美人在内梳粧故名）穿鳴鳳桥、東北流至龍頂山、過平坡大營出紅廟（西有紅山寺香煙甚灵）抵負金山南、龍泉水分派、一清一濁、（嘉慶二年江大中丞杳阻屯軍曲郡祷雨甚灵分奏封巡檢新玉賜額曰澤施南詔）自南而北入馬、復北流過河底村、東底一担山、（相传仙人挑担至此晨鷄朝鳴忙頗此担戎山云形家謂之日月膶水口、）西北遶李家湾、北经大壩、東下天生灞、南即妙峯山、（上有唐李元礼碑岑公駐馬於此）北即曲靖府城名曰瀟湘江、明通志云、夏秋之交、江水泒泛、汪洋瀰漫、若洞庭瀟湘之勢、故名、明末逆賊破曲城、王指揮罵賊被害、冤浮倒流即此、又沐天波舟遊真峯山、即由此處解纜、于是東流過湘南村、從蜈蚣橋出三岔寺、東遶古冊顛馮探花住宅、北內源出花山東、下流梅家園、一水自園通寺西、谷經名子橋、（相傳徐庶到此振名故名）西北入焉、一水自寺東會金山金粟菴俗名新寺、（即明戰里麻勝雲）達北流過湛露亭、城西里許関聖宮对面久圮、亭蒙家橋会西自洗馬橋來之水、北乱（東入、）東南会書院塘穿城北迎恩橋（下有石閘乾隆年有掘得武鄉侯碑上鐫勅兵留碣四字言曲陽永不遭刀兵、光緒三年唐儀移城中諸葛廟大殿上、）東北經麒麟山亭復南折、上有珍珠井、武侯祠、（井中出珠纍纍如貫珠也又一井隻眼相傳武侯制廟內有一碑云碑見城破係武侯書今壓在佛座下永不見、）東流東山寺（明唐时英建、内有巨鐘、響应五十里、）後過寶度村、又南流柳樹村、向南入江、遂東下滚水壩、急流飛瀑、高濶丈餘、至吴卜村、此村皆土人、號僰人兒子、以打魚為業、裝束大半相似、只不纏足、聲音稍異、再東流里許、入葫蘆橋、（府城古水到此交口）折而西流、南轉一水自平坡後山谷中、東流過南城（即古郎州故趾猶存）灣環向東入江、又數里亮子口、上有石橋、一水自熱水塘、即縣志所云石堡温泉、自西流而東入江、又内源出五台山、（上有順天府致中喻元升墓）南之水、南入大龍潭、經朗目山下石喇屯、沿梘槽壩、西折南轉三十餘里、自東入江、遂南流里許至于橋頭、橋西即石堡山、縣志名分秦山、有水自真峰、一名天馬山、（曲城之名山）西北澗壑流出、經紫云洞下、通志云普貢洞、上有弥陀崖、再上即護生寺、俗名清風寺、明沐天波建、有醂孟泉、（水僅一脉、不盈不竭、足供數百人飲）水南折東流遶石堡山右入焉，至此兩水夾瞶，勢若溝澮。數里開曠處，依然湯湯作響。幾二十餘里，至越州城西，（府南五十里有漢爨府墓碑，咸豐二年郡守鄧爾恒移入城內奎閣，中國以此碑為最古，金石甚貴焉。）內源出六佐縣西流水，西南流會龍潭河，（此水亦大）在文筆山後，又西南流至北城北會焉，迺循城西山迴溪壑，滔滔汩汩，兩山之東西交注二三十里，至陸涼湖瀠滸石諸小水入焉。又西南流過滿戎山，下至丘雄山杜鹿，會為中涎澤，（此中魚類甚多）左右十八泉、甸南澗諸水皆注之。一水自冷水塘（州東北六十里）發源為洗馬河，西南流入焉。又內故芳華縣西部封山水，東北流至木容山。一水自真峰山西南三十里小寨西西南流入焉，又東南折板橋，曲迴流二十里，繞陸涼州（府南一百二十里）北而東注焉，南折西流，抵州南門外小牌樓。一水自州西十里來穿串橋，下過石佛寺旁，西南注焉。（庚真峯於甲戌、戊寅兩至陸涼親）

歷如此於是西南流復東折南轉過石門山北（卅東南四十里）至五洞、路殺水勢、洩者自洩、行者自行、遶天生關、（卅南八十里）下直至萬家河、騰空飄蕩、宛若九天洩帛倒瀉宜良縣東北十餘里之小渡口上、相傳渡口魚不能上登萬家河（河中魚偶有跌下者兩腮發赤云）過內澂江府河陽東北源出羅藏山下之黑境明湖、一名休舞湖、一名陽宗湖湖、周七十里、兩岸陡絕、水色深黑、境內溪壑泉澗、悉滙於此見通志

按此文頗長所錄尚未過半但以下純係外縣外省於曲無涉姑略之

○捐置寄生所諭　　郡守謝佳杭

特授曲靖府知府紀錄六次謝諭勸石以垂永久事。照得好生本天地之大德。保赤乃王者之深心。茲訪聞郡城土風。

最忌產室。以為不祥。往往僑居貧民孕婦彌月之際。該房主輒迫之使出。每於路側城隅露生分娩。或致風寒。母子攖疾。大干造物之和。並有僦屋婚娶。該房主屆期必逼索賬兩。名為掛紅。否則詬詈不令登輿。均屬惡習。只因相沿日久。錮蔽難于驟化。本府與紳士薛毓祥陳文明郎森余珊等。酌籌款置有公產一所。座落城府署側芭蕉街。井樓房三棟。以為生產寄託之所。擬招誠篤穩健婦女一戶。長住其中。作為看伺。無令需索分文。凡有孕婦臨月受迫無歸。報明紳士。即來該所收生。赤貧者得由社倉發給半月之糧。以資養育。稍裕者勿庸發給以杜耗費。一切善後事宜。均由紳士隨時商辦。其有嫁娶逼迫者。亦准暫寓該所。事竣各自歸家。合行示諭通知。更有數語為房主告。爾等須知迫人於危。不祥莫大。

暗損一命，冥罰難逃。自茲以往，務各痛改惡習，人存忠孝之心，户有敦龐之俗，自能化災為祥，勿庸沾沾忌避，本府有厚望焉。切切特示。光緒二十七年辛丑秋月

重建張仙閣碑記　府教授　徐元華

郡城西南隅張仙閣巍然特起于高墉之上，面文筆、枕勝峰，諸山來朝，勢若星拱，為千載神靈所憑依，亦一郡風脈所關鍵也。稽自前明兵燹傾圮，不知幾何年。適光緒二十二年丙申夏，李仙舟、刘玉堂、路仲賢、孫承芝、趙煥亭、湯若愚、陈啟亭、張觀臣欣然以復旧制為心，稟商府尊施、縣台賈，籌款重修，旋蒙俞允。時則諸君子修文筆而未暇也。洎文華功竣，餘款二百餘金，復請於府尊謝、縣台賈，蒙由惠濟花局撥款二百金，并文華餘款，以作修建之費。於

是鳩工庀材。述前此所未逮者。昌黎云。莫為之前。雖美弗彰。莫為之後。雖盛弗傳。以數百年之遺址。而廢者使興。非盛事耶。然天下事。創始難。善終尤不易。諸君櫛風沐雨。奉公潔己。心力無所不盡。而木石工共費。銀六百餘金。除文筆餘款並花局提撥外。不敷銀二百一十四兩八錢。同事諸君有議復請款者。有議勸捐者。而陳君啟亨急公好義。慷慨任之。以蕆其事。噫、地雖至勝。不得其人則興者廢矣。況廢者乎。斯閣也。先代創之。至後日而廢之。後日廢之。至今日而興之。微諸君之力不及此。余不敏。特援筆而為之記。光緒二十八年壬寅重九日

郡守施之博 直隸翰林

重修文廟記

夫太始無名，強名之曰道，道也者，始終乎天地萬物，道自

若也惟是氣機動靜之際不無清濁之殊消息之間不無善惡之辨故天理一也商周以上秦漢以下之氣不一人心一也君子以内小人以外之法則不一然天烏容其不一哉蓋生聖人所以一萬古之天一萬古之人心也聖人一活天也繼往聖開來世得其傳者克己如顏子誠意如曾子慎独如子思集義如孟子董子之正誼王子之中說韓子之原道也

衍其傳或續或絶至宋周子出以主靜立極爲宗斯道晦而復明闡其道者或識仁或主自是吾道自南龜山傳之豫章豫章傳之延平延平傳之朱子明於日月光於宇宙矣元有許趙明有薛刘一線相傳無其間金谿靜餘姚致知所入不同而其至於聖門無不一我朝聖教之敷遍於寰宇曲靖學宮前守陳冀重修僅完大成殿 博

奉命守是郡欲以成陳守志且欲興此邦学也因偕知縣吳光漢與斯土人士捐俸資实力改修凡五年而工竣嗟乎立学宮者所以敬圣人也敬圣人者何吾心与圣人同是心同是心而不同是德又何也不学也夫学也者所以学為人也總之以名教綱常約之以孝弟忠信重躬行也蓋秉彝不可磨滅謂之以不孝不弟則勃然謂之以道学則非而笑矣謂之以不忠不信則惶然謂之以道学則悖而馳矣何一事而視為兩途此其有心而歧之者也有欲而縱之者也今士子果能洗心窒欲講求先圣之学良知本如火然泉達於是返之於六經證之於古先儒主敬以復心之本体敦行以重身之实修將天竺柱下不辨而自明俗学霸儒不攻而自破人皆可以為圣圣即天也天人一也实德

真才於是乎在夫豈僅宮殿之宏門牆之富足壯觀瞻而已哉是爲記時光緒十八年

重修崇聖祠記

郡守　謝雋杭

皇上御極之二十有三年雋杭奉　命來守曲陽行抵平彝有公車北上者四人晉謁旅邸以重修崇聖祠爲請逮次匆匆未遑詢其顛末然以邦人士知所崇向心竊韙之比下車首以是事訪諸紳耆得悉　大成殿東西廡已經陳六舟施濟航兩前輩守曲時相繼重修崇聖祠則以款絀未遑也今二十餘年矣考崇聖祠本稱啟聖祠歷宋元迄明相沿無異逮國朝雍正二年　聿封　至聖先師五代王爵崇祀於茲更易今名煌煌鉅典萬世永遵今以歲久失修不蔽風雨且瞻其規制諸多未合其何以極尊崇而昭

識敬斯則守土之責也爰因花局積欵集紳諏吉庀材鳩工增築基址辨正方位砌層階鋪堂簾覆以重檐繚以周垣並於前殿兩廡大成櫺星道途各门名宦鄉賢忠烈孝子各祠誅茅窒穹而黝堊之自己亥三月至庚子正月凡閱十一月而事蕆用欵共弍千陆百陆十餘金董斯役者前南寧縣知縣賈汝讓前署曲尋協中軍都司王玉曲靖府々学訓導兼教授金甬時南寧縣学教諭趙詠周前任訓導張鶴元率同紳士陳文明趙守先張学濤孫天祜孫天秩郎　森廖文彩陳廷珍周庠等朝文發奔执事有恪用底厥成嗚呼自彼族以其夜乱天下砥柱中流端賴吾徒所領此邦人士亮其、知所崇尚之心群相勉於敦倫勵行有本有文之学益徵涵濡聖澤於靡涯庶對越

之不愧也是爲記　光緒二十六年九月二十六日

西閘壩碑示　郡守　陳彝

爲閘河復古給示勒碑以杜訟端事案查霑益新橋河係古臘溪江水由州境東下南寧會白石瀟湘以達陸涼上關　國賦下繫民生載在古志本屬經流古道自咸豐初年有上河人民因水挾泥沙水淤田肥種植有益私於龍泉塘壞堤決口放水淤田遂將小口轉成大溜正河大片淤塞於是下游各村無水栽秧累年爭控上年春夏又因築堤擁水彼此互控經本府本州本縣迭次親往會勘查得大河淤塞沙平如岸顯係上游人民祇知利己不顧損人屢次決堤放水所致本應飭令上河士民出夫挑淤姑念事非一日罪非一人不肯深究以全鄉誼擬於閘復古

河之中分給溝河水利俾其永遠相安斷令大河應開匀
放入溝河以示公道故令下游士民丁治齊等公出人夫代上
游開河除淤至龍家塘掘堤原處橫流要口即斷令上游
九屯士民段開泰鄧宗有等按地出夫建築土壩一道以資
攔水壩中許鑲石硐一個硐口凸字倒形壩高一丈五尺壩身上
面計八尺寬下面計二丈五尺寬石硐口門上半截空六尺寬
以洩洪流下半截空二尺寬以通清水又於石硐之外添
做石槽預備木枋設遇天旱應放下閘枋准於閘枋上
放五寸深流水歸入溝河不得將水全行放下致使下游
無水栽秧務使上游下游均分水利永不許移易更改
以後倘遇壩傾硐圮應由上河九屯一力承修如有私拆私壞
應照盜決河防律治罪兩造咸願遵斷茲上河士民段開泰鄧

宗貢咗朝玉咗朝升莊新澤孫明德鄧学玉刘國元莊德純
陳上受韓登標趙鴻儒等已將壩硐驤築如式下河士民
丁治齊丁承武　朱自昂崔奇蘇鳳三李本立李先義李在春
鄧紹先施君亮刘先彩戴萬鎰戴恩德等亦將大河開挖
深通根經官驗均屬堅固深暢從此大河復古小港分流上
下各村均霑利益爭端既息　國賦日充永荷　天庥咸歌樂
利惟事關復古須垂永久除將辦理緣由及兩造甘結
詳明立案外特再給示准其建碑兩座一置上河澄傍菴
一置下河雲龍寺豎立俾使衆目共瞻以杜訟端而資永
利特示
光緒四年五月初十日示

平回亂紀略

霑益舉人李景賢

咸豐六年丙辰春三月既望，回漢民構衅於城西沙田口，遂殺人，官捕嚴，回即糾眾於十八日焚殺上五七一帶村砦。越八月，鄉人集於龍華山頂謀禦之，不一時而裏白巾執白旗者直於人叢中四面哭出，大聲疾呼，分奔下山，晝則殺人盈野，夜則火光燭天。蓋其居心叵測，亂謀之蓄深且久矣。自是回燄日熾，月縣之內城以南、海之北，蹂躪不堪，城中官紳惟有閉門相守而已。天中節後，曲尋協袁得華由黔班師過境，目睹村落淒涼，再聞匪執猖獗，派郡司何有保營於白石江為進攻，實欲收服。迴匪等豺成性，屢敗官兵，環攻城池。學正張旦初韜略素嫻，奮同安彥臣、張五中選挑三營精壯，督令李小雙、楊鐵匠等破賊巢於八月下旬，石羊、保家、鄉濟允？

岩、渡河等寨諸匪、星夜间竄逃、剎棊山卡郎而去。當此之
時、爲眾志成城、義旗四起、共効爪牙之助、同輸糧秣之供、
安見小醜跳梁、不能一朝撲滅、而乃勢成莫挽、人心天意、兩
不可知、致使匪等詩時爲幻、賄賂行（通）、一議柗安法公遂元時
而言者、有馮勉齋、黃雲卿（雲紳）輩、俱不能爭、以致回象前
來、州人迎之、爭先恐後、使去冬未有此議、何能於七年正
月直入而踞之哉。特授知州志公斌、於暮春蒞任、本其忠
愛、竭其猷爲、雨露雷霆、措施悉當、有馬連升者、回中奸宄、
竄入於斯、勾連八房回寨、籠絡四方夷民、稱偽帥以逞威權、設
私局以徵錢糧、遂使平彝之大河鋪、宣威之永安鋪、陸涼之方
家埂、尋甸之菓子園、爲（如）火燎原、如草滋蔓、凡其所至、俱先
講和、搶奪、姦淫、燒殺、擢髮難數、惟州屬松林不服、匪於八年

二月、遣萬衆圍之、逾月不敵而還。己未、庚申、辛酉、連年興師、
終不能制。李暢東輸貲投効而捐其軀、文登高督隊殺
城而斃於礮、破袁兆亭何錦堂錢尊三之陳、流血盈河瀆。
陸萬春王萬賢柳明泰之營、全軍盡沒。茲以馬連升新
得之北將軍偽號、心目中只以杜文秀為大可恃也、由是遣
衆犯曲陽、同治元年壬戌三月、府城圍急、唐正何有保於
大坡寺西馬連升議和、夫和議既成、應即以既和之心、行
永和之事、乃為鬼為蜮、陽示綢繆、陰藏險狠、欲擣曲靖
而有、慮志公、因屬所嬖妾譚尚珍戕之、不屈死。十月遂自領
曲尋協事、其黨以戳四為統領、移局於州署、暴斂於鄉
中、蟻聚蜂屯、東西幾遍、岌岌不可終日、惟今　制府公時任
方伯、整飭戎行、於甲子夏、先抵曲之城南越州、不數日大軍

雲集，回等困乏，潛乞命於馬軍門，允其所請，由省赴郡西圓通寺，同　岑公商，旋斬馬連升首於曲靖東山寺，令曰殲厥渠魁，脅從罔治，衆遂瓦解，十三年春，奉旨安插，籍尋甸者均各歸家，回難既平，而我軍一無妄戮，迄今多年，南霑民衆時聞以　岑公戡亂之功，而好生之德，頌禱弗衰，茲特紀其本末如右，詳冊

按曲霑地址本唇齒相連，所以罹回禍彼此如一，此文紀事始末，均屬真相，故輯之。

湘江觀釣者說

喻懷信

夫釣者之志在於得魚，然不能必魚之果為吾否，於是乎有餌焉，則魚之得必矣，又慮其得鯤鮞失鯨鯢也，於是乎重

其餌。大其餌。擇夫洄洑之所。臨以深沉之淵。垂綸靜俟焉。少選而魚之數鬣揚鬐以至者。景從鱗集。有望影先避者焉。有駭而潛伏者焉。有齅而裴回者焉。有游泳往來而不覺者焉。其黠者見餌而嗤曰。此豈非世之稱為餌者乎。其相戒勿犯者。是徒思餌之害。而不知因其害以為利。使彼終不我害。然後有以見吾之智也。乃毅然吞餌之未入腹。鉤已貫吾唇矣。迨夫游於釜鬵。始悔曰噫。吾以餌眎餌。而不知餌之中又有機焉。甚矣人之詐也。以吾之智而躬蹈之。吾智良不人若。然彼人亦非忠厚之道也。夫知為餌而姑試焉。以矜己之智。罹其災而悔所為。以咎人之詐。非至死不悟者哉。彼餌者所以在魚。魚以貪餌而殞生。自取之也。於鉤者乎何尤。

重修文筆塔記

知縣 孫爾熾 邑人

郡城外三十里東偏近南巋然靈塔高起者文筆峰也峰之緣起具詳前邑尊方公碑誌中今讀其文見公之培補吾郡風水其用意也獨厚而其属望也至賒何以見其賒也如云來者趨而加高其上雖不遠岱之日觀衡之祝融亦庶幾点蒼十九峯相頡頏知其意以前之所建未極其高望後來之加高也蓋峰以文名道之顯者謂之文不高則不能顯文属之筆之必干造化之氣象不高則不能干青雲而直上此公之所以殷然而属望也顧公既知峰必高而後顯何公之築而文筆僅二丈而即止豈始時有未給歟力有未逮歟抑公之見與常人異歟常人每舉一事必曰將自為之無令後人笑我拙也而不留餘地於後人公則必留餘地以待後人亦莫

為之後雖盛弗傳意也然則公之識與量其去常人萬萬矣
後人能不踵其事而踵美盛哉自公於乾隆二十五年重修
今閱百四十餘年凡瞻眺者莫不以未覩為恨屢欲加高
亦時不給力不逮而止光緒丙申歲春麥有收秋禾遍植
雨暘時若人民安業時給矣值郡伯施濟航觀察郡帥
李雁雲軍門邑尊賈退菴鄒小蘇及中衡廖雲谷凡
心方公之心樂培補地方風水者咸捐清俸以助成功甚
有未逮特蒙施濟航觀察將惠濟花局委經修首乃
李仙舟劉玉堂路仲爵湯若愚陳啟亭張覲臣趙煥亭
孫承芝孫幼谷薛倬生等管理除交書院正供外若有
贏餘概助工程於是力可望速矣乃召工伐石鳩匠庀材
經始於丙申春初落成於秋初為時亦閱月間戚眼

捌百肆拾捌两陆钱計高捌丈伍尺陆寸視前不僅倍加
巍巍然隆崇雲表远近顯露將一峰之尊嚴遥瞰點蒼
十九峰之嶙峋而吾邨之執筆者皆得脫穎而出矣故余
爲之記

时光緒二十二年秋月

3

改建七仙橋序

孫爾熾

夫立功者立德並重。務實非務名。可同實至者名必歸。光
輝自生於篤實。功成者德不朽。絃歌必誦乎有功。又何待
麗藻鋪時。始昭其盛。珍珉篆刻。迺能不湮乎。顧有功
不伐者。赴功之心。記實必書者。徵實之義。是以方鳩克孱。
必詳堯典之書。鳴鳳式翔。难辭文囿之筆。則改建曲靖

城東七仙桥庸可忽哉是桥也城圍襟帶東南要津跨
楚荘之蒲湘虹蜺飲澗映牛女於河漢烏鵲填泥惜
往時鞭到石頑輒隨手而乱列向多年揩來木朽欲学
步而未能行人至則战战兢兢類飛鳶之欲墜大雨過則洋
洋浩浩樶游龍而莫當因不躡足咨嗟亦惟搔膺嘯
嘆時喜三趙君倡彼同志竭力改建永利遄行樂傾囊
遑
底之金叟採山中之石不辞泱恤折折易棕櫚於瑤玖
屏塗暨而攻鑽金鐵亦效其能草管皆退乎金植基
孔固不憂駭浪驚波捲硐忘宏能容粗砂惡水石欄倚
照
而攬踞雕弓張而鳥飛七曜列星樹边之北斗淮叟虹腰彩对
江上之南橋驢背月騎來詠人不乏馬蹄行到國士豈乞遂
覺好景宜人明月則玉簫廿四更愛碧陰若畫春風則

翠柳千條啼聲〻之杜鵑排衙〻之金雁。高車駟馬。揚〻擁相如之旌。黃石赤松謙〻進留侯之履。風光既勝。人文必多。如此勝修。豈容少沒。計經始於光緒六年二月。落成於七年十二月。共用白金一仟八百餘金。是役也。功成不日。故記永年。往〻來〻。不似褰裳溱而褰裳洧。年〻歲〻。何勞徒杠成而輿梁成。當務為急乎。勝造七級浮圖。徒聞風鈴雨鐸。真實不虛也。不讓三界宏施。默設寶筏金繩。所有捐資之信人。另為臚名于樂石。是為記。光緒八年春月。

○重修書院碑記　孫爾熾　邑人

書院翼學校而設。自來學校人材多出於書院。是書院之關係匪輕。則書院之培修宜亟。曲靖之有書院。創建於乾隆

三十一年府尊暴公諱煜力也。公即府義学旧址改建曲陽書
院。歲撥曲南行牙僧銀數百金為束修膏火，而書院得以
久而不廢。繼來典郡者亦皆能增修之。迨郡城被兵，書
院遂廢。初廢為督撫行台，再廢為考棚、傳舍，繼廢為
辛任穹廬。烟荒草蔓，礫積瓦堆。雖襄勤岑公駐曲
時，亦只能擇要修葺。而院北諸宇，仍蕩然。徒使桂
香樓之朽柱孤撑於雨地風天，梯月亭之敗椽盡化為
青烟灰燼。書院之廢於斯極矣。顧廢之極者，其興必漸。
抑廢之極者，其興必隆。人事之有待，亦天道之自然。歲丁
亥，嘉平十有五日，長白郁亭文公祖來典斯郡。下車
伊始，即欲復修而未暇也。蓋外邑有伏莽者、跋扈者、
把持者，皆地方之害，而殷太尊之憂。亟單騎渡河化

萑苻之根復，而邊釁清；改服下鄉，察因公之苛虐，而積弊除；週歷廛市，奪豪家華之居奇，而貿易平。郡城、川風為游客盤踞，蠶食平民，誑騙婦孺，悉遞遣之，覆盆之有屈必伸，負嵎之威皆斂，而曲靖於是靖矣。乃一意書院，加生童膏火二十份，歲捐俸百餘金，從前未有者也。膏火既加，棟宇須復，而需費尤鉅，款無從出，因動用惠濟花局所收積餘之銀，進邑之城，篤紳士或庀材木，或董工作，或司出納，諏吉興修。於傾圮無餘者，重建之，梯月亭、桂香樓等處是也；若講堂、書舍、大堂、後院、二門、節孝祠、濟官祠之坍塌缺略者，補葺之。登登馮馮，是版是築，井幹不至，甫秦宗、扁始齊，削剔消煬，修潮溼，除塗塈、丹艧，煥然、翬然，書院之規制克復。暴公之功不至湮沒於後，而綦公之美亦不獨美於前矣。是役也，經始於己丑年冬月，落成於庚寅年十月，計工料各項用銀七百金，而書院成。抑太尊之心不僅於書院也，若文昌宮、城隍諸祠典廟，亦出二與修之，而書院為人材攸關之地，尤太尊之所屬意。吾知地方之有關人材者，其培植之心未艾也，故樂得而記之。時光緒十六年冬月。

勝峰書院記

邑舉人 路安衢

粵自牂牁拓境，久隸名區；爨僰開疆，漸沐文物。山繞翠峰東迤，啟人文之秀；江環白石西平，收戰克之功。遠稽勝國，僅侍郎學之規模；近遇昌期，大備儒林之偉制。遵鵝湖鹿洞之風，生徒濟楚；極鳥革翬飛之盛，書院聿新。原名號曰曲陽，八邑英才悉歸陶鑄；重建昉於同

治三山秀灵半入庭階亭臨湘水形勢斯存背倚勝峰
佳名肇賜既軒豁而高朗亦邃密而幽深其南則天馬
面
峰高其西則神龍潭靜朗月嵯峨於東西臨濤掩映
於北方千楹廣廈士多絃誦之聲萬卷琅函地建圖書
所
之府別有洞天福地曲檻迴廊面學舍之南循講堂面
北半畝芰荷闢作一鑑新月滿園桃李養成幾樹清
陰梯月亭俯臨碧沼占綠水之三分桂樓香高聳青霄
隔紅塵於十里度梯月亭東行有祠焉祀郡鄧文三
公曾郡守之賢而嘉士林之惠者或則經始於前或者重
修於後不敢忘其德因以存其人也士之遊其間者於讀
書之暇當偃息之時臨清池而寓目憑畫檻而凝思頓
悟鳶飛魚躍莫非義理之精靜觀月到風來大有文

章之妙。豈非对境移情。觸處皆我学問。藏修待用。異時乃得真人也哉。若夫古爲徒。爲时恭器。則蓮社儲才。不少鳳逸龍蟠之士。蘭膏繼晷。漸多鵰搏鶚薦之英。將見人非地限。蒸蒸向禮樂之風。地以人灵。濟濟增冠裳之彥。雖碩輔名臣。純儒奇士。出於中不難矣。是在居斯院者之交勉旃。是爲記。

新建奎閣花圃記

路安衢

奎閣爲石城最勝之處。其來旧矣。亭前映壁。紅蓮生止水之香。園俯臨漪。碧沼鑑飛樓之影。前郡伯宋芷灣先生題曰郡之神臯。非過譽也。然高厅設酒。廣座延賓。進而爲燕会之期者。雖堪位置。而曲徑深幽。閒軒習靜。退而爲偃息之所者。尚待經營。同治十一年。訓導羅

滇南古郡人刘書林、李仙洲、道深源諸君。重修南樓後

買武侯祠西界民房地基。擬建園亭。既而不果。迄今二

十有四年。牆垣坍塌。鞠為茂草矣。光緒乙未秋。廖云谷

參戎、趙雨南廣文、施仲襄明府、趙雨南廣文偕郡人士

遊覽其中。咸謂名勝如是地。弗為之剪棘誅茅。窮茗剔

蘚。拓半畝之居。築數椽之屋。是有莊周之濠濮而去

庾信之小園也。豈非闕典乎。於是卜良辰。相地勢。捐

清俸。醵朱提。約得三百金之譜。又請於施太尊。察出公

款百金。遂於八月吉日吳工庀材。就武侯祠西地舊址。營

花圃一區。其中構精舍三楹。名曰籌筆書屋。歸重武鄉

也。四垂繚以粉壁。通以迴廊。周圍雜植四时花卉。可以瀹茗。

可以讀書。可以彈琴。可以習射。或風月良宵。雅客倚欄而

寓目。或春秋佳日，諸朋挈榼以騁吟，雖非仙境，亦豈塵俗耶。至歲时祀神賽会演劇，观場羣飲映壁亭中。當夫酒闌歌闋之时，意倦形疲之後，離席更衣，循苔堦迤邐而入，則别有洞天矣。有不心曠神怡、豁清襟而開雅抱者哉。昔之湫隘而莫可適步者，已廓為壮園，東西拓地七丈，南北十餘丈，移後门臨街，而奎阁之局勢，於是乎始臻完善。工既竣，觀察公為題額曰「談風月齋」。夫風月生於兩间，千古不異。水面天心，仁者因之而悟道；游也而進於学。圖不僅杜絕干求，以徐吏部之說云也。已有志者繇誦其间，吟風弄月，其樂陶陶，則子雲亭、諸葛廬，夫何遠哉。顧遊斯園者，一草一木，尚与爨寶子碑及宋世濬先生諸題詠，共寶貴之，庶名園勝境，將與金石遺文並垂不朽不可。是舉也，費銀四百餘金，閱三月而落成。在事監修者爲陳君文明、湯君智臨、郎君森、陳延齡、趙耀先、陳正源、李蕆賢、孫坦、余珊，暨余備寫書名。設有公製器物等項，另簿存稽，是爲記。時光緒二十一年秋月。

重修白石江浮橋碑記

邑增生　劉光宇

考舊志云：白石江在城北七里許，乃明初平西侯沐英敗梁王達里麻處也。其橋建係洪武二十五年。至清康熙十年，水高橋低，曲靖府知府李率祖爲之重修。其橋西平橋下之水淵深莫測，漢唐以來屢作戰場，相傳有陰兵，每故暮夜行此，輒多潰亂，不知去於何地。郡中諸橋，惟此橋極其堅緻，不用分水，係是橋形，非有神力不能爲之。迄今二百年來

未尝重修至同治三年有回酋馬联陞過此見其
水盛之时汪洋浩瀚难於往来始於大桥之上架
修浮桥不意光绪元年上面八字被水冲破因而
桴桥亦落（字）往来之时一見即為浩歎虽欲興修
苦無工赀幸有趙君揄元素好為善（字）誼房师
生一日坐談乃嘱其募化功竣以重修趙君開言
即欣然应允旋至叙府商孙君占春戴君耀之
莊君啟募化赈二百餘两报知（字）霎乃而商姜公
耀龍王公廷侯刘公有立暨刘君光（耀）國随邀各處
绅耆公同酌議（咸）衆皆乐從乃於光绪五年禀請
府尊陳縣台吴示興工重修一时人心踴躍兼得姜王
刘三公逐日监工閲三月而工程告竣當斯时也橋亦傾

圯之憂人無望洋之嗟而兩頭大路一齊修築上鋪石板無論官商軍民往來俱便未始非諸公經營重修之力所致其桥向未命名府尊孫桥回署後 守乃謁見請命桥名陳公曰桥只一洞遂顏之曰一品桥是为叙時光緒七年辛巳孟秋月下浣

續修曲靖縣志稿

卷拾

續修曲靖縣志稿卷拾

重修明巡撫唐公時英驛馬灣碑記　　督軍兼省長　唐繼堯

雲南曲靖府南寧縣城北近郊之驛馬灣，我族祖明巡撫陝西都察院右副都御史唐公墓在焉。民國六年冬，繼堯總護國聯軍出蜀，道次霑益，去墓一舍，趨往展謁。山水環合，佳城鬱然，故老相傳公所自卜。幕僚郡有來會者，酹醴陳牲，祭奠如禮。顧瞻塋時，距今三百餘年矣。碑字漫漶，塋域寖圮，滄桑霜露，有怵於中。爰屬倅賤，重浼郡紳董事修葺。迺詳墓而後行。閱月書來，以訖工告。計新立公墓碑一，公子贈鴻臚寺丞（諱熙載）公碑墓一，俱加石圍。新立石華表二，石狻猊二。旧時翁仲石獸仆者起之，涸坑荒塹窪者實之，秩然煥然，無復缺憾。僉謂宜有紀述，以諗後人。於是繼堯謹濡筆而記曰：我唐氏之先，遷自武

王

陵。宦居曲靖，又數傳而復析二支，徙居會澤大湖。繼堯則徙會澤，五世之裔也。聞諸長老，徵諸志乘，公諱時英，字子、才。晚号一相居士。成嘉靖己丑進士，授平陽知縣。以賦稅不均，履畝立冊，閱月得其平。又疏陂塘，興水利。會大旱，民得以濟。擢戶部主事，歷郎中，肆畫詳者。出知真定府，歷遷貴州、河南、浙江、山東各行省司使，至陝西巡撫。有籌邊功，御書忠勤二字以賜。致政歸，置義莊於東山寺，周貧乏，歷久不廢。寺蓋公幼年讀書處也。嗣後，疆臣疏聞，萬曆七年，神宗遣雲南布政使參議李良臣諭祭，其文有三建防秋之策、光宣鄒魯之盛，詞指摘於人言，遂投閒於故里，宦守克持於國是，清修益重於鄉評之語。蓋遺像卒白恩禮飾終，可謂檃括公之生平，論定蓋棺矣。誦芬述德，無待費辭。嗚呼！公之功在國，公之澤在鄉。倖魄所藏，準周官冢人墓大夫之制，禁樵採而培封樹，人同此心，矧在子姓，後有千古，能不勉旃。繼堯譾材，仰承先澤，遭遇時會，亟知於公無能為役，要惟是明辨是非，不怵於利害，力擔責任，求濟於艱難，以庶幾私淑公之萬一，爰拈门潤而已矣。是用紀事抒誠，載之貞石，昭茲來許，俾有攷徵。其董工郡紳曰孫君光庭、劉君宗澤、孫君志曾、李君國選，例得附書。時民國六年丁巳仲冬月長至日 120

喻少瀛明府傳

道州何紹基撰

君姓喻氏，諱怀仁，字近之，少瀛其號也。雲南曲靖府南寧縣人。生有異稟、負奇志、年十二補弟子員、二十一登鄉薦、二十二成進士、以知縣候銓、时尊人旭齋文官直隸灵寿、令君以母病馳归奉养、刲肉進、病為之瘥、越歲庚子奉母往大名署、行至黔之陝寧、病復劇、復刲股以進、竟不獲起、倉卒具殯殮如礼、蓬頭草屨、扶匶步行、巉岩峭壁、嚴霜毒雨、舁夫為之感痛、行路為之啜泣、失足損筋、迫不自知、十三驛抵家、廢動履者三月、竭力營葬、廬墓百日、晨晡哀号、得氣逆證、蓋未至滅性、毀亦過之、居鄉里、力肩義務、时疫流行、掩骼哺嬰、周恤姻舊、剖決疑难、利濟之心、勃發周至、以其暇日博閱群籍、古今治乱得失之源流、國家紀綱鉅細之興廢、靡不究心、於忠臣烈士、則歎慕而歌詠之、嗚乎、是时之懷抱氣概、豈以一令終者哉、辛丑隨父任之大名、練習吏事、研摩律例、日侍案側、有問輒答、顧昆季怡怡、趣往考史、飲酒賦詩、灌花植蔬、樂不為減、癸卯121隨任順天府治中署、京師人文冠蓋之藪、擇交尤嚴、服古愈勤、甲辰冬選福建羅源縣知縣、依鄰下不遠成行、乙巳八月始抵縣治、視事之日、有窮賊被牆圮壓斃者、立往勘明事主、鄰右均免至署、神明之譽立起、呈詞手自批閱、簽差惟使一人、革花會惡俗、定書院章程、有疊石渡者、為福寧溫州孔道、土豪張甲元保正、歷任以橋事委之、每值要差、架木為偽、差竣即撤、募貲肥己而已、君追取贓金簿冊卷、得其侵蝕狀、責令造石橋以折罪、旬月告成、自銀價日昂、歷任以錢糧被議、君復任後、閤邑紳民自議、每一兩加錢二百文、足敷批解、恐其為民受累也、早起徧眠、衣布食蔬、甫月餘、而諸府次第舉矣、玉廪灣吴灶二姓爭海地、訟累年不决、君親往勘、距縣八十里、於泥中覓小艇丈量、惟慮擾民、故即日竣事也、海野波濶、風入藏府、登岸暈絶、得溫湯蘇解、次日登舟遇逆風、復暈臥、返署而歿、時九月二十九日、年僅三十有二、在官僅四十日、士民奔走哭奠、遂奉木主由嘉慶時前令鄧君傳安益 122 祀於遺愛祠、政成之速、民感之深、蓋古循吏、罕有儷焉、配陳孺人、生子一殤、女一、弟怙信、子嘉行嗣、

東洲居士曰、異哉、喻君之為政也、官四十日、報以不朽、何以得是於民哉、孝弟之至、通於神明、觀其事母尤為巨孝、讀書曉古、匠成涖性、使得大展施、復永其年、負

荷鉅艱，茲其選矣，甫及壯歲，發軔百里，良材摧折，可為時事惜也。所為詩有《聽秋書屋稿》五卷，真氣鬱蟠，奇采空溢，往往幽沈痛切，不可卒讀，存篋不多，足壽百世。余丙申會榜，與君為同年，自癸卯以來，洛常相晤語，論議切磋，情真誼古。其兄恆恭、弟恆信具事實，請為之傳，感喟成篇，殊動哭起，良友丕逝，吳蓋我也夫，其蓋我也夫！123

重建曲靖縣公署碑記

縣長 段克昌 宜良人

曲靖在晉為建寧，在唐為曲州，滇東屹然重鎮也。漢武鄉昭烈寧立功建節之處，故明代察院、清代迤東道戍駐焉。親民之官為縣知事，有署舊矣。洪武二十有四年，建于城中十字街學宮之右。民國元年，廢府存縣，縣署又移于南門正街，則係萬曆中劉侍御

祲

九峰之察院。康熙中李太守天璣之府署。吴曰鈲歎垣
蕪。而知事坐堂。皇敷政事。固優優有餘地矣。十六年
夏。余權篆斯土。災祲之餘。愴惻于懷。或茇或養所。
夕弗偟。適聞省中政變。力籌自固。及秋而敵兵果至。倉
猝入踞。余退守南城。聯絡省軍圍攻。四十餘日城始復。
未幾而蜀黔軍數萬人由宣威平彝羅平東川分

畫

道內侵。縣城復敵。凡晝夜乃陷。余縋城赴省求援。
省軍即任余軍需。入幕襄力。十七年一月十有五日城再
復。余亦復職。城市坵墟。民居凋敝。草蔓烟荒。食宿何
處。而縣署摧殘。無片瓦存。不待問矣。兵禍之慘至
于斯。可勝慨哉。夫城存亦存。古之義也。民安亦安。余之
心也。當創鉅痛深之後。覩瘡痍124之滿目。痌瘝之在

紓半載之中，與民休養生息，力圖恢復，先修城垣，次橋梁寺觀，繼蒙 總司令胡指定基金七千餘元，作重建縣署之用，續籌萬金，遂委嫻工程者七人，以團首孫恆富總其責，鳩工庀材，兩閱月竣事，規模仍舊，惟大門略事變更，方之舊觀，較堅且整耳。夫曲靖官署，一燬於明季流寇，再燬於康熙時兵變，今三燬矣。殆亦理數之不可逃者歟，雖然，有廢斯興，有興斯毀，倘終古廢弛，不思建設，則斷瓦頹垣付與夕陽衰草，永無更新之日矣。一署如此，庶政可知矣。因此知事為哉。王陽明先生曰，知行合一。夫知之即行之也。忝知一縣之事，即知即行，痛定思痛，勉益加勉。上與前賢繼美，下與吾民更始，故于重建縣署，不不禁饒饒業業以醜德言之也。工事之詳。別載碑陰。為文記之。申之以歌。其詞曰。公署愛民。民安署安。民愛公署。署新民新。經之營之。成事維艱。來者勿忘。視茲文珉。

民國十八年孟春月

125

重修三岔觀音寺碑記

南寧縣令 謝迪

釋之有觀音也蓋不啻家戶祝而俎豆矣吾不知妙香國中其竹林楊柳至今如何地誌有之曰大理古之妙香國也觀音實蹕於此蒼山洱海遺跡猶有存者異哉斯說也幻而言之則妙香國直烏有之鄉近而論之乃在蒼山洱海之地吾不知其信然否人之所以崇而奉之

者非以其地固無地菴而寺之祀則妙香之國隨观音而
在谁云不可南寧西偏十五里許三岔觀音寺者建自明初
修於嘉靖之季迨乎我朝鼎革既久欲考其修建
歲月而碑碣無存矣爰及康熙初年綏遠大將軍蔡
公總制滇黔節鉞臨三岔小憩寺中目擊此方山川
秀朗風物清美而茲寺漸就傾壞慨焉悼歎遂捐
金為修葺記既拓其地又置之田且設茶亭以濟行
者于時大中丞王公涖而贊之以成盛舉嗚呼二公之
於茲寺可謂不朽矣至今日月逾邁向之金碧輝煌者
曾幾何時而風雨為之催剝也向之遊观往來者曾
幾何時而足音為之跫然也撫今追昔孰涖而念 126
之寺僧隆玉者蹶然而起土木之重也工役之繁也

共費柒百餘金僧力而肩之而檀越之家量輸財力以助經始于　乾隆丙寅之歲兩易星霜爲之一新隆玉菁將欲永其寺于後也而請記於余粵惟茲刹觀音之所式憑也二公之所觸忱以成之者也今其新之也詎不有光於二公哉且夫心經一篇觀音之所垂也其言色空也至爲詳悉是僧嘗誦之矣即此寺之廢興觀之其廢也非空耶其修也非色耶其修而旋廢也非色即空耶其廢而復修也非空即色耶色也空也無終極寺亦安之無終極而已苟持其說則妙音之國即三寶也烏乎不可余是以因其請而並及之于是乎記

祭殉難偵舊巡長雷冉如文　　路安衢

嗚呼。君身雖逝兮。君神未亡。魂魄歸來兮。梓里珂鄉。湘水東流兮。瀠蘋藻而恭敬。勝峰西峙兮。撫松柏而徬徨。人患不獲女死兮。老牖下而名弗揚。君夙有豪俠之志兮。正年富而力強。當癸丑之紀歲兮。長警察而効力巖疆。靖閭閻而卷兮。吾職。豈容𦒅乃民之鴟。時臨前敵而擒捕兮。遂被亂黨之所戕。亂黨旋即伏誅兮。已除暴而安良。還君柩以歸家山兮。誰不觀迎而奠酒漿。君雖死而實不死兮。英靈應含笑於天閽。伊古義烈之士兮。如君家者春之在唐有張巡。許遠齊名兮。播義聲於睢陽。君見義而勇爲兮。即身殉亦復何傷。妥靈輀於故塋兮。勿淹滯乎炎荒。臨窀穸而會葬兮。合官紳與學商。

望碧落而髣髴兮留青史之芬芳烈魂兮如在陟降兮一堂風車兮雲馬來格兮來嘗嗚呼哀哉尚饗

創建梅家院鴻橋記

湯祖珍

萬物之成毀虽有數然未始不係乎人旧金山也何以待華盛頓而闢山海關也何以待秦祖龍而設事無論巨細功無分大小均必得人而後成也友人饒君志新、邀余而告曰梅家院有小桥焉為勝峰山一帶之水所匯歸由此乃東流入河略視之僅溝澮耳当夏雨时行之際喧闐澎湃勢頗洶湧此地為西北諸村落往來必由之路前以片石支桥人馬負重而過者多咨嗟險阻不时有顛墜之虞余目覩而心憂焉因邀村人募貲築桥以利行人今幸告厥成功屢屢之勞苦不敢擴以為渲。然捐貲諸君。例得泐姓氏於石。以垂永久。請為書之。余嘗其言而韙焉。夫天下事之成毀。視人之心力何如耳。是橋之成。雖小而負郭諸山之水匯此已成巨津。固不可謂為小焉者也。況事之足以利人而濟物者。安得謂為小善而不為乎。君對此役。久為眾所不注意。詳人所略。其渲固靡涯矣。余為題名曰鴻橋。蓋借村名以名之也。梅家院者。因俗避其字音而易以鴻字。題鴻亦避俗也。是舉也。總其成者為饒君志新。襄其事者為某某二。並列助貲諸善士于左。特紀其緣起。以告來者。民國十五年丙寅六月

重修勝峰山金粟菴募化功德引　湯祖珍

郡城西勝峰山林麓金粟菴。為城中士女遊春選勝、禮佛

朝真地也。菴中所祀玉皇、真武、彌勒、地藏，皆神。歷有年所，頗著灵異，然亦為郡之神皋。而際有事之秋，又為兵家地利必争之處。去年丁卯，干戈擾攘，城市為墟，此菴竟作戰壘。自秋徂冬，半載以来，人嘶馬騰，往来不絶。菴中窗牖欄檻，拆毀殆盡，以致佛像幾皆露宿，院落鞠為茂草。噫！自前明丁亥之變，菴固難逃劫運，化成煨燼。幸有胡國公一為倡，郡之樂善君子與雲夢上人同謀建設，聿觀厥成，遂相沿以有今日。爾奈紅羊浩劫，復現於茲，則亟圖恢復，義不容後。是所望於仁人君子、大慈善及大檀越家，樂意捐將，同結善緣。或捐鶴俸，或傾義囊，用作培修之貲，以為妥神之所，庶使名勝奧區不至湮没，勝造浮圖七級。

其流靡涯矣。民國十七年戊辰春正月刊

重修玉峯寺新增常住田碑記　李熙陽邑人

夫世有三宝。而僧為切要。佛非僧不能學。法非僧不能傳。其繁衍為何如者。是以為僧者。非徒落鬚髮。披緇衣。飢食渴飲。晨鐘暮鼓而已耳。僧者淨也。自能清淨其心也。自能清淨其心。則能自見真性。皈依自性佛。皈依自性法。佛者覺也。皈依自性之真覺。法者正也。皈依自性之正道也。蓋吾之自性。湛寂真常。靈明洞澈。常住不動。能全此常住真心。則為真常住僧。有此真常住僧。因有常住寺。因有常住田。僧而倘不淨也。宜勤修之。寺而倘傾壞也。宜急理之。田而倘不足耶。宜廣拓之。此鷲嶺西峙。象教東傳之大指也。此山名為名宝山。嶺長江。捍曲海。乃吾郡之捍门山也。崎峭天成。孤峰特秀。朗目左扶。真峰右捍。南臨越壤。北对滇都。且曰。獅子嘯天踞其側。号為太师调元。温泉滴地遶其前。号為金湯玉柱。曲陽八景。此其大奇者也。山有刹。名玉峰寺。不知創於何时。極為古雅。說者以為山越世归治也。乃本州普麽土官。及通把刘秦 刘進 刘祥 等所建。隨捨田廿畝。嘉靖乙丑。土官海龍池、男海雲山重修。至今歷时已久。傾圮不堪。常住不足。幸有居士趙惟缶比丘本敎智斋募化重修。樓閣殿宇。銅鑄金莊。言佛像也。又鑄洪鐘一口。扣之、其声清越。唤醒人间大夢。添捨常住田地規制。換招提充。固一时之盛也。因磨石琢碑。造予而請文以記之。予非能文者也。然見一善而隨喜者。菩提心也。不敢固辭。謹抒管見。不浮不泛。捺性捺情。敘其首末。垂之將來。夫功既成矣。詞已達矣。復何言哉。而于之意尤眷眷不已也。再提前言而囑之曰。願爾比丘居士等。常常皈依自性佛。不迷真覺。作解大道。常常皈依自性法。不失正念。智慧如海。常常皈依自性僧。清淨無染。統領大眾。若然。則自得其心寶。而寶山寶寺。寶畝田地。永永不失。真不朽云。

○趙封翁墨三遺德歌

知縣　劉宗澤　邑人

勝峰之巔巍巍止。瀟湘之水清泚泚。彼山水之靈長。翁一身而兼此。翁之生兮曲陽曲。騁壯懷兮滇與蜀。滇耶蜀耶翁來遊。飢者寒者翁貽憂。解衣推食三千里。鄉閭還待

炊烟起。拾金不昧肝胆真。肝胆照世月孤輪。狂瀾倒
地心懸坊。圩工方竣桥工接。七仙飛跨势如虹。磷磷白石
撑霄空。潮来潮去翁随去。滩声不作蛟龍吼。蛟龍
不吼鹿安澜。翁营傑阁長流丹。（七仙桥外翁又建文昌阁）於今远映
黔南渡。渡头風雨為翁訴。（黔南可渡河翁曾創立義渡）翁兮翁兮古
之遗。有麟鳳兮與騏驥。天之報翁兮有以。翁之受天兮
樂只。仰翁德兮崔巍。思翁澤兮低徊。夕斌坐龍轂
之村頭兮。長此山高而水迴也。

盧方貞女傳

邑人議長施為章

讀文信國正氣歌。謂古来忠臣義士。皆秉天地正氣。
斷固然矣。惟所舉者概属男子。而不及於婦人。豈正
氣之賦独在男而不在女。抑女子節孝貞順不足以言正

汝何忍為
且汝即不
吾念獨
不念汝

氣耶吾竊有憾焉觀盧方貞女而知其不然貞女縣人也
父方姓名明家耕讀祖居縣城南門內湘水之陽望明
克守先業中年妻喪遺子女各一女少子二歲貌端莊
性淑慧幼喜聞婦女節義事稍長嘗借此等小說詩
父念誦刺繡其旁聽之至慷慨貞烈處淚輒涔涔下父
怪之不忍多念年十二許字鄰里湘南村盧氏子名聯
國國父庚邦充府署兵科吏原室亡繼娶劉氏生國
財庚邦已逾四旬晚年獨子愛若掌珠聞方女賢特聘
之男女同庚十六歲將結婚婚期前兩月聯國物故女聞
之痛不欲生尋死者再父諭曰吾老汝母早喪兄尚未
娶汝死焉賴且汝既為夫死即不吾念獨不念汝
夫之父母乎年老無子較慘於吾終日痛哭恐難自

夫之父母年老無子，較憐于吾乎。前以事吾者事汝翁姑。則汝夫九原當亦瞑目。視徒死不已愈乎。女思良久曰。願遵命。幸勿忘。父曰諾。

保。汝尚不負吾。或負兒翁姑。慰老怀以延殘喘。汝夫九原。當亦瞑目。汝生不愈於死乎。何必死。女俯思良久。若有所悟。乃曰。兒聞命矣。不死可也。請勿慮。但須從兒志。勿稍阻。阻則仍死。二三年。早遲何異。許事翁姑。父命也。幸勿忘。父曰諾。自是女頻促父為兄婚。兄聘已久。宜婚矣。父某應不果行。未幾將許女田氏子。田室富。女子亦才。相謀故炫於女。意女必從也。女聞之艴然曰。是何言歟。父死我矣。何生為。父窺女情異。慮有變。防守甚嚴。女不獲死。忿不食者累日。父無奈。請鄰婦數輩守勸解。一婦素善女。私言於女曰。人生若朝露。請言子志。吾為子計。女曰。吾無志。死而已。尚何言乎。婦曰然死固死矣。輕重可不計乎。二無往死。二無悔。女嘆曰。不計輕重。何至今日。吾前決死矣。聞父言知翁姑傷乎。甚心傷者必死。吾死々。何若慰翁姑而使之勿死。々者吾之天。死者之父母死者之天也。死吾之天。何若生吾天之天而慰死者於地下乎。孰難孰易。孰重孰輕。吾早計々故不死。非畏死也。吾誤矣。吾誤矣。一之為甚。女可再乎。誓必死。請勿言。婦笑曰。若然易矣。子翁姑固無恙耶。往乃之竒也。奚 134 死乎。死誠誤矣。女不語良久則曰。日來惟一死。無他計。嫂言啟吾。々行矣。請嫂為借可乎。婦曰可。女曰慎勿洩。薄暮。女與婦乘間便出。逕赴靈門。女詣翁姑前跪而告曰。兒父不諒。求翁姑鑒。終為翁姑。兒之願也。盧翁及媼初猶力勸女歸。繼審女志誠。乃面商於父。々曰。女如此固佳。惟來日方長。奈年青何。姑听之。

女入盧門。竭誠事翁姑。務得其歡。盧家貧。女勤於紡織。雞鳴而起。夜分乃寐。姑憐其苦。慰止之。女曰。翁姑年老。尚堪累乎。究坐食何以謀生。姑聞之不忍復言。惟商於翁。擇族孫樹仁爲之後。女撫如己出。雖愛而縱冀其貢以博堂上歡。翁姑嘗有疾。女日夜侍奉。至忘寢食。樹仁長。請代其勞。女曰。吾侍奉慣矣。恐汝不當老人意。益增其煩。疾何能已。翁年七十八。病篤。醫藥罔效。女刲股合藥以進。疾瘳。姑腦後患瘡。血衰膿滯。女以口吮之。日必數次。腿部生癬癢極。或謂可令狗舐。女曰狗齦奈何。吾舐之。一舐癢果止。姑不忍止之不可。翁姑先後卒。女哀毀骨立。人問之輒哽咽不能答。族黨中有以疎支排樹仁者。樹仁懦。女調護之。

事乃寢。樹仁早逝。遺三子一女。妻鄭氏。尤懦。幾難自立。女極力維持。使孫男女均婚嫁。今曾孫已林立矣。女心力交瘁。目眇手足俱痺。幸鄭氏媳亦能如女事翁姑。諸孫業賈。皆力耕安分。非女之純孝感人能如是乎。吾家世居湘南村。與盧姓比鄰。先君子藎臣公最重女之爲人。疊次聯名具稟。代請旌表。初蒙道府縣會銜賜額曰。松操柏節。繼蒙府憲書匾贈曰貞孝堪欽。並給田弍畝以資養膳。予幼時飫聞其事。長見其人。溫厚靜穆。望而生敬。嗚呼。女之志在死夫。非嵇中散張睢陽之身殉君國乎。其既也矢志柏舟。孝事翁姑。非蘇子卿執節海外。管幼安勵志遼東乎。撫子育孫。以繼夫後。非文文山史閣部力扶危局。以延國脈乎。女子而能若是。是真出于性天。是真正氣之所鍾也。列於正氣歌內。與古之忠臣義士。並垂天壤。不亦可乎。恐久而失實。故縣其了以備輶軒之採云。[illegible]

張雷貞女傳　邑諸生　雷德泰

人紜紜而生。蠕蠕而動。與世俗相徵逐。與草木同腐朽者比比皆是。其間有得天独厚。鍾其灵而毓其秀。不隨波不逐流。特立独行。卓犖不羣者。蓋千萬人中乃一人焉。斯人也。佛謂之灵魂不死。儒謂之虛灵不昧。求之四千年歷史中。蓋亦罕矣。貞女雷氏、係雷家庄人。幼聰穎。及長、字張氏子。兩姓皆家貧。將及笄。婿以小本營生。趕場迴至半途。被匪圍害。後偵探匪名係小刘安。張姓

因家道赤貧。私獲百餘金。逐了息此事。女聞之哭曰。我
雖未嫁。身已早許彼門。非為之鳴冤報仇不可。斯時吾祖雷
彰鳴邑庠生。現充他方紳耆。係貞女之族曾祖。不幸遇
此。刻奔吾家。對祖考泣訴其志。祖考嘉之。挺身願往
府署鳴冤。郡守陳之舟大為嘉許。賜坐。判決了畢。以
肩輿送女歸家。詎何翁姑不顧大義。旋欲以女他
適。希圖獲利。至期紿女往某寺敬香。至城外。女窺
得其意。怨劇欲死於此。翁姑強揎其髮。女急甚。竟
以全力拔脫須髮。馳奔吾家。吾祖復為之鳴官。官拘
翁姑。賜女匾額。適值督學院梁考試在郡。聞有
此事。亦親造女門。旌撰匾額曰。矢志冰霜。繼而郡守謝
南川亦親造其門。悉得真相。每月給銀二兩。米二升。以為

清修之資。女晝織夜紡。十指九裂。卒年七十有二。時縣長尹彬治曲。吾取其苦節以請。縣長亦忻然矜恤。集合紳商學警各界數百人。送柩出城。以樹灵爽。並同日送木牌于節孝祠。嗚呼。难矣。諺云、貞孝節烈。城攻不破。吾曲蓋屢驗之矣。

湯門程氏孫氏姑媳節孝行略　邑翁生　雷德泰

湯母程氏。迺曲靖世職恩騎尉程公女。性賢淑。及笄、归同邑廪生黄龍袞恩騎尉世職湯公建中字靜垣公。有文名。所曲陽課藝。曾选刊其文。地方文墨。亦多出其手。不幸年卅三疾没。时程氏年廿六。遺二子。梅亭。家窘君、以針黹紡織謀生。為長子授室。龔職後生一孫。官粵漳没。文為次子娶同邑孫雨亭公女。性淑慎。光緒十六年程氏年滿七旬。守節四十二年。邑紳聯名為之請旌。程氏因早年勞極。雙目失明。起居便溺。皆孫氏服役。又次子不幸而逝。時孫氏年廿七。夫病最危時。孫氏刲左股以療。時未半載。姑因喪子之疾劇。孫氏復割右股以療。左股之瘡口甫平。一時鄰里哄傳其孝。姑病卒不起。孫氏變賣簪珥以營喪葬。當姑疾篤。謂其媳曰。吾苦節一生。何天之不佑而遭家若此。死者長已矣。而生者何依。孫氏曰。姑勿憂。請寬心以終天年。未來生計。姑範具在。媳敢不黽勉為之。遂宵旰勤勞紡織。携子入學。又其夫兄瘁歿。其妻牽子再醮羅平。迄今子已成年。孫氏招歸為之完娶。謂其子曰。爾祖母一生苦節。為撫孤身。今汝堂兄依人。若不喚歸完娶。何以慰汝祖母在天之靈。民國十八年。孫氏年滿七旬。守節四十三年。秋感微疾而終。迄今子孫昌盛。其福報有由來矣。嗚呼、節孝萃於一門。閫範可風于百世。豈可聽其湮沒乎。139

廣文張榕傳

邑諸生 孫天樞

公諱榕、字蔭南、曲城內人也。性孝友。持躬嚴正。言行不苟。登清同治癸酉賢書。光緒庚辰大挑二等。授彌勒縣教諭。是邑向好行鄉飲禮。公視是皆鄉里豪猾為富不仁者居多。斥之不舉。費弗計。旋陞開化教授。履任二年。丁艱回籍。公之仕也。雙親年邁。凡廩俸所入。未敢私蓄。除供高堂甘旨外。一家生活及兩弟學費皆取資焉。其弟曰檢、曰棻、自游泮食餼以及授室。一切耗費外無

補助分厘。浸親逝世。喪葬盡禮。即孟子所謂養生喪死無
憾也。又有姊早寡。迎養家中。不幸仲弟檢卒。撫孤子
孤女視如己出。担負飲食教誨之責者幾三十年。吁、以一
冷宦負此艱鉅。其困難不言可喻矣。迨服闋。調補雲
南府学教授。適值光緒丙午科清廷改考職貢优行。
葉提学於恤教職清苦。示令全省应試士子須蓋
府学之印。方許入場。意在津貼公也。公独于曲靖应試
生數百人印费。卻之不受。公謂鄉人遠來。即以此敦鄉誼
誼也。其廉介有如此。嗚呼、自世風日下。士騖浮名。倫理
道德。置之弗講者比比皆是。公独志在圣贤古道。自處
居則篤孝友。出則勵廉潔。孝廉一職。实符其名。誠可謂
今之古人矣。年五十九卒于官。子孫振振。是皆能继公之志者。141

民國丁卯兵灾紀略碑

師長　朱旭　龍陵人

民國肇造。禍變迭乘。滇以貧瘠省。屢苦兵戎。護靖兩役。為國犧牲。元氣未復。禍亂相尋。自二六政變後。人民以為理想之新雲南可以實現。不意胡張構釁。遂有六一四之變。地方殘破。人民塗炭。土匪竊發。商旅裹足。百業停滯。公私交困。至於政治之設施。制度之改革。更未遑言及。洎乎我軍東下。胡張窮黷靡遑。竄擾曲城。搜粟於城中。匿者治以軍法。人民之食。有匿米於複壁者。有匿米於棺中者。有以婦人匿米於襁褓作小兒狀。呼嬰而撫循者。皆為胡張軍發覺沒收。婦人率小兒女無所得食。推兒投池中。已亦自沉。寺觀學校。鞠為瓦礫。人民屋舍。燬於兵火。我軍殉人民之請。

乃解曲靖第一次之圍。以拯救黎曲靖不得駐兵之和約。墨跡未乾。胡時復引黔軍入據曲城。黔軍動員者二十六團。向省進逼。群情憤激。於是政府再下令討伐胡時。於廖角山施設工事。配備重兵。散兵壕三四重。機砲之外。間以弓弩。為持久之計。我軍於民國十六年十二月十六日。決心突擊。二三師担任正面。一師担任左翼。鷹揚之群。螭虎之士。前仆後繼。血肉相搏。敵人以強大之火力。威脅我軍。我再激再厲。死傷邱積。然仍蟻附猿攀。有進無退。由敵人火力強大之下。占領其巔。輪奪敵之機關槍。即以之掃射敵軍。敵軍崩潰。死亡遍野。遂攻下廖角山。時部潰入城中。困之三十餘日。胡時率部潰走。我軍入城。收編其餘部隊。及黔軍阮汝炳部三千餘人。是役也、胡時引黔軍入滇。所過州縣。更置官吏。徵發糧秣。率人民提攜槍械。以雲南爲黔省之征服地。一戰而勝。則二次政變之初衷。方能逐漸貫徹。陣亡將士之功績。與金石同不朽。豈竹帛所能罄哉。今則衰草白楊。戰骨長埋。粉身碎骨。男兒殺賊死耳。書勛伐石。國家禮亦宜之。爰爲銘曰。

仁心武力。民衆爲先。維桑與梓。忍視燎原。我揚我武。非惟攻之。又撫恤之。非惟勝之。又憫惻之。功成解甲。民安其生。策勳飲至。勒茲碑銘。告我父老。及我子弟。同心成城。艱難共濟。勞哉戰績。來者勿忘。南天雲彩。日月重光。

民國十八年四月